從眾情境　自戀幻覺　抹殺自我　自卑

樂律

李娟娟 著

性格的輪廓

一堂心理課帶你認識真正的自己

從父母影響到生理機制，揭開特質形成的深層真相

如何擺脫內心焦慮和過度依賴？　　內向性格的人如何發現自身優勢？
父母在孩子的性格中刻下了何種烙印？　安全感和自卑感如何塑造著我們的性格？
如何才能擁有責任感、親和力和穩定的情緒？

生動案例＋嚴謹理論分析，揭示性格的多種構成
安全感、自卑感、大腦生理、父母影響、情境……
引導讀者更全面地了解自我，提升生活品質，實現個人幸福

目 錄

前言

第一章　心靈上的排毒
── 安全感與性格

沒有安全感的無腳鳥 ························· 010

厭惡、蔑視自己的人 ························· 017

害怕別人不喜歡自己 ························· 022

迎合別人，抹殺自我 ························· 027

我們只能為自己負責 ························· 033

第二章　隱形的情感能力
── 父母影響與情感模式

沉浸在世界贏家的自戀幻覺中 ················· 046

將孩子視為自己的私人物品 ··················· 054

被親職化剝奪的童年 ························· 059

溺愛是一種懶惰的愛 ························· 067

永遠無法被取悅的完美型父母 ················· 072

憂鬱的黑洞會吞噬一切 ······················· 078

第三章　醋桶裡，泡不出甜黃瓜
—— 情境的影響

被浪潮席捲的個性 ································· 086
特定情境下，無法保持自我 ····················· 098
我們習以為常的從眾情境 ························ 110

第四章　身心不可分
—— 生理狀況與性格

影響我們心理的大腦 ······························ 124
管理著恐懼的杏仁核 ······························ 128
情緒感受與我們的決定 ··························· 137
外向性與多巴胺 ··································· 144
小腦異常導致認知功能障礙 ····················· 150

第五章　被削弱的勇氣
—— 自卑情結

擺脫自卑，追求優越感 ··························· 158
自卑是追求卓越的原動力 ························ 164
當自卑發展成自卑情結 ··························· 171
擺脫自卑的枷鎖 ··································· 177

第六章　你可能也有的小「怪癖」
── 不同性格類型

性格中愛表演的一面 …………………… 190
羞於表達而內心專注 …………………… 193
以尋找快樂作為生活的主題 …………… 203
擺脫焦慮性依賴 ………………………… 210
幻想與妄想的一線之差 ………………… 215
適度的自戀有利於心理健康 …………… 227

第七章　擺脫拖後腿的人格特質
── 人格重建

性格中的外傾性 ………………………… 238
親和性與社會親和力 …………………… 245
掌握好盡責性的分寸 …………………… 250
情緒越穩定，越能掌控情緒 …………… 256

目錄

前言

安全感和自卑感如何塑造著我們的性格？

我們大腦中的不同部位和微量分泌物如何影響著我們的性格？

父母在孩子的性格中刻下了怎樣的烙印？

性格內向是一個貶義詞嗎？內向性格的人如何發現自身的優勢？

自戀心理在我們的生活中扮演著怎樣的角色？

如何擺脫內心焦慮和過度依賴？

怎樣才能擁有責任感、親和力和穩定的情緒？

帶著這些問題，本書作者繼《九型人格心理學，看透你的內在動機與行為模式》之後，經過長時間的深入思考，撰寫了本書，繼續發掘性格的奧祕，探索提升幸福感的幽徑。出現在本書中的案例有影視人員，也有生活中的普通人，他們的故事或跌宕起伏，或真實親切，就像一面鏡子，或多或少地照出我們自己的影子。在這些故事的引導下，我們不知不覺地走進「性格」這座神祕殿堂的不同區域之中，跟隨作者的筆觸去一探性格的奧祕。

前言

　　性格讓我們成為一個獨一無二的人。探索性格就是探索自我，探索自己內心的光明與陰影，發現自身的優勢與劣勢。這種探索的意義就在於更深入、更充分地了解自我，提升生活品質，享受我們寶貴的、唯一的生命。性格是穩定的，也是可塑的，而生命每天都在流逝，讓我們開始行動，認識自己的個性，掌握自己的命運吧！

第一章　心靈上的排毒
——安全感與性格

第一章 心靈上的排毒──安全感與性格

沒有安全感的無腳鳥

「這個世界上有一種鳥是沒有腳的,牠只能一直飛啊飛,飛累了就在風裡睡覺。這種鳥一輩子只能落地一次,那就是牠死的時候。」這是電影《阿飛正傳》中旭仔經常念著的一句話,因為他覺得自己就是無腳鳥,迷惘而膽怯,不知道自己的靈魂歸屬何處,只能一直飛啊飛,不停地盲目追尋,直到死亡。

旭仔將自己的迷茫與膽怯隱藏在倔強和放蕩不羈的面具之後。他是個情場浪子,能輕易蠱惑一個女人,但沒有任何一個女人能留住他。他就像自己口中的無腳鳥,不會留下任何痕跡,讓人無法追尋。

售票員蘇麗珍是個性格隱忍內斂的女孩,在剛認識旭仔時,她充滿了顧慮和擔憂,不肯接受旭仔的追求。後來蘇麗珍愛上了旭仔,並與旭仔建立了戀愛關係。蘇麗珍的戀愛觀十分傳統,她渴望與戀人維持長久穩定的關係,希望婚姻能為這段戀愛關係提供保障,於是她拐彎抹角地向旭仔提出了結婚。但旭仔不想結婚,於是蘇麗珍只能遺憾離開,旭仔見此也主動遠離了蘇麗珍。

在一個雨夜,蘇麗珍突然出現在旭仔面前,她說:「不結

婚不重要,我只想跟你在一起。」對於蘇麗珍來說,她鼓足了很大的勇氣說出這句話,但旭仔並不願意再續前緣。

多年以後,蘇麗珍依舊記得旭仔,記得旭仔在追求她時說的一句話:「1960 年 4 月 16 日下午 3 點之前的一分鐘你和我在一起,因為你我會記住這一分鐘。從現在開始我們就是一分鐘的朋友,這是事實,你改變不了,因為已經過去了。」旭仔憑藉這一分鐘的無賴和執著打動了蘇麗珍,從而進入蘇麗珍的情感和人生中,蘇麗珍一直對這一分鐘的回憶念念不忘:「他有沒有因為我而記得那一分鐘我不知道,但我卻一直記著這個人。」當蘇麗珍回憶起旭仔的時候,她的臉上不自覺地露出了微笑,雖然她也會為這段感情而傷感,想要忘記旭仔,卻又不得不承認:「那個時候,我覺得好好聽啊。」

旭仔和蘇麗珍分手之後,很快和舞女咪咪建立了戀愛關係。咪咪與蘇麗珍是完全不同的兩個女人,咪咪美麗、大膽,但旭仔似乎並沒有真心投入這段感情中。像旭仔這樣的浪子,對女人有著致命的吸引力,就連不乏追求者的咪咪也輕易被他俘獲。但對於旭仔來說,女人只是他暫時填補內心空虛的消耗品,每個女人只能讓他獲得短暫的心理安慰,如同他對阿潮說的:「我也不知道我這一生到底會喜歡多少個女人,不到最後我也不知道最喜歡誰。」

旭仔的空虛和痛苦來源於他沒有歸屬感、沒有精神寄託,他是個沒有「根」的人。這與旭仔的童年經歷密不可分,

第一章　心靈上的排毒—安全感與性格

他從小被一個「交際花」母親養大，從未從母親那裡感受到母愛。

當旭仔得知自己並非母親所生時，他忽然覺得自己找到了人生空虛、痛苦的原因，尋找生母成了旭仔新的希望。他一直在追問生母的下落，但養母卻始終不肯告訴他，她恨恨地對旭仔說：「我告訴你，你就去找她，我得到些什麼？什麼也沒有，你也不會記得我。我就要你恨我，這樣你就不會忘記我。」

其實，旭仔深愛著養母，不允許任何人欺負她，一旦發現有男人欺騙了養母，旭仔就會對那個男人大打出手。旭仔雖然對尋找自己的生母鍥而不捨，但實際上他十分依賴養母，害怕養母離開自己，所以當他得知養母要和一個有錢的男人移民美國時，旭仔立刻進行了制止。

後來養母實在無法忍受旭仔的追問，告訴了旭仔他生母的下落，並對他說：「你這幾年來一直放縱自己，把責任推到我身上，你要報復嘛。好，我現在告訴你，你親媽是誰，我受夠了，你以前做人總是用這個藉口，你以後再不可以用這個藉口了。你想飛呀？好，你飛呀！你要飛就飛遠一點，你不要有一天讓我曉得，你一直在自欺欺人。」

為了尋找生母，旭仔跟咪咪不辭而別，來到了菲律賓。在四處打聽後，旭仔來到了生母的住處。

原來，旭仔的生母是一個有著貴族血統的菲律賓人，她的家族不允許旭仔這樣的私生子存在，所以他一出生，就被他的生母遺棄了。他的生母把他交給了他現在的養母撫養，並每月付給旭仔的養母 50 美金的扶養費。這筆錢在當時不是一筆小數目，對於一個生活在社會底層的「交際花」來說，這筆錢為她的生活提供了保障，所以她毫不猶豫地收養了旭仔。

所以當旭仔找來時，他的生母並不肯與他相認。旭仔雖然很失望，但並沒有糾纏下去：「當我轉身離開的時候，我知道在我身後有一雙眼睛在看著我。但我是不會回頭的，我只不過是想看一下她，看看她的樣子。既然她不給我這個機會，那我也不會給她這個機會。」

無法與生母相認的旭仔只能繼續做「無腳鳥」，一直在飛，一直不停地流浪，無法停留。後來漫無目的的旭仔確立了一個新的人生目標──去美國，因為他的養母就在美國。雖然當旭仔得知自己是被人遺棄的時候，他與養母之間的關係一度變得十分緊張，兩人經常發生衝突，但養母告訴他生母的下落後，兩人之間建立了一點信任，所以當旭仔被生母拒絕後，他就產生了去美國找養母的念頭，儘管他與養母之間的情感連繫也十分脆弱。可去美國這件事對旭仔來說也十分困難，他沒有身分證，不能辦理護照，這意味著他無法去美國。

第一章　心靈上的排毒──安全感與性格

最終，旭仔與黑社會的人發生衝突後身負重傷而亡。臨死前，旭仔又一次想起了那個「無腳鳥」的故事。

安全感是心理學中一個重要的概念，最早出現在佛洛伊德（Sigmund Freud）精神分析的理論中。安全感是一種內在精神需求，每個人都有渴望穩定、安全的心理需求，一個人如果沒有安全感，就會因恐懼而對周遭充滿警惕，無法與他人建立起正常的親密關係，從而產生一種無力感，生活在焦慮、空虛之中。

依戀關係對一個人的安全感具有決定性的影響。我們每個人最初的依戀對象都是自己的養育者，通常就是我們的父母。與父母建立安全的依戀關係是我們一生的預演，如果一個人無法與父母進行良好的互動，那麼他在長大成人後就會因缺失安全感而無法與他人建立穩定的關係。

母親是第一個照顧我們的人，每個人最初都是先與母親進行互動。對於嬰兒來說，母親如果能滿足他的需求，他就會覺得自己是安全的，這對他以後的成長十分重要，正如佛洛伊德所說：「我發現，那些認為自己被母親喜歡或偏愛的人，在生活中總會表現得很自信、樂觀，常常顯得很英勇，總能獲得真正的成功。」

如果母親對嬰兒的需求不敏感，嬰兒無法及時獲得母親的安慰，例如母親對嬰兒的哭聲無動於衷，而是等嬰兒哭累後自動安靜下來，那麼嬰兒就會因需求得不到滿足而產生恐

懼，覺得周遭是不安全的。他會產生一種回到母親子宮的衝動，因為那裡最安全。成長對於每個人來說都是不可避免的，因此這種趨勢會和回到子宮的衝動形成心理衝突。隨著年齡的增長，他會因缺乏安全感而產生各式各樣的心理問題，例如焦慮、憂鬱、空虛，有的人會像旭仔一樣選擇流浪。

旭仔無法安定下來，因為他是一隻「無腳鳥」，他不懂得如何與他人建立親密、穩定的關係。當蘇麗珍提出結婚時，旭仔本能地想要逃避，這是缺乏安全感的表現。他的不安全感來自他在與養母的相處中感到世界是不安全的，情感帶有不確定性，他必須得逃離。

旭仔從出生起就被生母遺棄，養母雖然將他撫養長大，但他卻並未從養母那裡獲得母愛，養母會撫養旭仔，也是出於自己的生存所需，並沒有給旭仔足夠的關心和照顧，因此旭仔也無法與養母形成安全的依戀關係。當旭仔得知自己並非養母親生時，他開始想盡辦法打聽生母的下落，因為他想和生母建立正常的情感連結，希望真正得到母親的關愛。

旭仔的養母起初執意不肯告訴旭仔他生母的下落，因為與旭仔一樣，養母也是一個沒有安全感的人，她也很怕旭仔離開自己。她生活在社會底層，如果不是收養旭仔，連基本的生活保障都沒有，沒有人愛她，她的情感也是不安全的，所以她執意將旭仔綁在自己身邊。

第一章　心靈上的排毒—安全感與性格

　　一個沒有安全感的女人將旭仔養育長大，他們之間的母子關係充滿了不確定性，她不信任旭仔，擔心旭仔會拋棄她投奔生母，而旭仔由於從未獲得過養母足夠的關心和照顧，也不信任養母。這導致旭仔在與其他女人相處時也帶著不信任，他無法與一個女人建立一段穩定的關係，所以當蘇麗珍提出結婚的時候，旭仔變得非常恐懼，並主動切斷了與蘇麗珍的聯絡。

　　嬰兒對母親的依戀就像一條無形的臍帶，嬰兒需要透過這根臍帶汲取自己成長的情感養分。嬰兒總是試圖與母親保持接觸，否則他就會焦慮、煩躁，而與母親建立安全依戀關係的嬰兒，在與母親待在一起時會感到更加放鬆、快樂。

　　母嬰之間的依戀關係通常在3歲以前就建立起來了，嬰兒會透過與母親的互動形成自己的情緒、情感模式。也就是說，母嬰依戀關係會對一個人的性格特徵以及人際關係模式產生決定性的影響。一個人的安全感也取決於3歲之前的依戀關係，他的性格從3歲起就已經定型。如果一個人與母親建立了安全的依戀關係，那麼他就更容易形成健康的性格，幫助他建立良好的人際關係，並建立一段親密、融洽的情感關係，因為他對世界充滿了信任；相反，他就會被揮之不去的不安全感所困擾，無法做到信任對方。

厭惡、蔑視自己的人

麗麗是一個美麗的女人,她在和男友阿偉訂婚之後,就開始備孕。因為她的身體一直不是很好,怕懷孕困難,她為了保證卵子的健康,冷凍了3顆卵子。因冷凍卵子,她的荷爾蒙出現了紊亂,導致她的體重一下子暴漲了9公斤。麗麗只能想辦法減肥,她並不喜歡運動,卻不得不去健身減肥。

麗麗對待每段感情都拿出了飛蛾撲火般奮不顧身的勇氣。她曾被前男友拍私密照威脅,後來照片洩漏,她成了身邊人口中私德敗壞的女人,受到大家的譴責甚至是謾罵。但對此,麗麗仍說:「我還是不想失去他。我覺得很抱歉,這是我犯下的錯誤,我不應該拍那些照片,我當時太天真了。」

在照片洩漏之後,麗麗的婚姻成了一大難題,她開始擔心自己嫁不出去,後來她甚至說:「無論是誰,只要肯娶我就好。」

麗麗是一個低自尊的自我厭惡型的人,她無法肯定自我價值,從來意識不到自己的優勢和美貌,所以她在每段感情中都會把自己放在絕對弱勢的地位上,將所有問題的責任都攬在自己身上。她對待每段感情都會奮不顧身,將自己貶低到塵埃裡,會順從愛人的所有要求,即使愛人提出的要求很過分。

第一章　心靈上的排毒—安全感與性格

麗麗之所以會形成自我厭惡的性格，與她的童年經歷密不可分，她有一個顛沛流離的童年。

麗麗1歲時，她的父親就去世了，當時麗麗的母親只有19歲，為了賺錢根本無法照顧麗麗，只能將麗麗放到幼兒園裡。由於母親頻繁更換工作，麗麗也只能跟隨母親奔波，在幼兒園時期就換了六、七所學校，這導致她根本來不及適應新的環境。後來母親選擇了改嫁，無法帶著麗麗開始新的家庭生活，從那以後麗麗就開始在各個親戚家裡輪流寄宿。居無定所的生活導致麗麗十分缺乏安全感，她幼小的心靈沒有一個溫馨的港灣可以寄託。

寄人籬下的生活並不好過，麗麗從未從親戚那裡獲得過關心，有的親戚甚至會體罰麗麗，當麗麗將此事告訴母親時，母親卻不相信，其實就算母親相信了，她也無力改變現狀，她只能希望麗麗快快長大，早早擺脫寄人籬下的生活。漸漸地，麗麗意識到自己必須忍氣吞聲地生活，她開始變得內向起來，不輕易表達自己的要求和感受，因為她覺得即使自己說出來了也沒人相信和在乎，既然如此，還不如都藏在心裡。

像麗麗這樣四處流連長大的孩子，通常會形成兩種完全不同的性格。一種性格是八面玲瓏，十分懂得看人的臉色，在人際交往中如魚得水；另一種就是像麗麗這樣，在不知不覺中為自己的心上了鎖，將自己的內心封閉起來，不願意也

不善於與人交往，不會輕易敞開心扉。麗麗也知道，自己過於內向了，同時性格也十分慢熱，她對工作中的人際交往總是覺得很不適應。她自己也說過：「我是一個沒有自信的人。」

對於女孩來說，父親是她接觸到的第一位異性，與父親的相處模式會直接影響她的擇偶觀。通常來說，女孩在擇偶時會將父親作為一個標準。由於父親的早逝，麗麗的人生中沒有這樣的標準，因此她與其他男性建立感情的能力是缺失的，再加上麗麗很難認同自己，急需他人的認同，所以她在一段感情中才會不斷做出讓步和妥協，甚至會輕易答應前男友拍攝私密照片的要求，即使她心裡根本不情願。

在照片洩漏事件發生後，麗麗受到了十分嚴重的傷害，她的內心變得更加封閉，卻又更加渴望溫暖，她迫切希望有一個男人能出現在自己的生活中，融化自己內心的冰封，所以麗麗才會那麼愁嫁又恨嫁，陷入矛盾當中，因結婚感到焦慮和恐懼。

自我厭惡，也被稱為自我憎恨，具體來說是指一個人無法肯定自我價值，總覺得自己在各個方面都不好，也會覺得自己不配擁有好的東西和關係。通常來說，自我厭惡的人會責備、蔑視自己，對自己感到不滿，即使在他人說服或有實質性的客觀證據證明自我價值的情況下，自我厭惡的人也看不到自己的價值，片面地認定自己不好，從而感到活著很痛苦。

第一章　心靈上的排毒—安全感與性格

　　對於自我厭惡的人來說，他會認為自己不值得被愛，所以在與人相處的過程中，會主動將發生的所有錯誤都攬在自己身上，因為他覺得對方是對的，對方比自己值得被愛。例如在照片洩漏事件過後，麗麗將所有的錯誤都攬在自己身上，她覺得自己根本不應該拍私密照，如果自己不拍，就不會發生後來的一系列事情，而忽略了她自己其實是個受害者。

　　人是一種總會拿自己與他人進行比較的動物，因為人是一種社會性動物，這種比較可以使一個人迅速在一個群體中找到屬於自己的位置。自我厭惡的人也會和別人進行比較，不過由於他厭惡、蔑視自己，在這個比較的過程中他會覺得自己不如對方，從而陷入低自尊、自卑、痛苦的情緒之中。

　　每個人都有厭惡的心理，但與自我厭惡的人不同，人們的厭噁心理通常指向外界。例如在夫妻離婚時，人們通常會將導致婚姻失敗的責任推卸到對方身上，覺得都是對方的問題，從而厭惡對方。這會使一個人變得主觀、片面，無法認清客觀事實，意識不到自己身上的缺點，但同時也可以使一個人保持自信，避免陷入自我厭惡之中，畢竟自我厭惡是一種非常痛苦的心理狀態。

　　除了像麗麗這樣顛沛流離的成長經歷外，一個在缺乏滿足感的家庭中成長的人也很容易變得自我厭惡，他的父母通常十分嚴苛，總是苛責孩子的言行，經常批評孩子，從而使

孩子陷入自我厭惡之中。孩子由於年齡很小，無法將父母的批評與自我指責區分開來，會在父母的苛責中形成「我什麼都不好」的認知和思維方式。為了迎合父母，他會主動指責自己、主動認錯，漸漸開始對自我感到不滿和厭惡。

第一章 心靈上的排毒─安全感與性格

害怕別人不喜歡自己

　　小劉是某外商公司的一名講師,一直被交際障礙所困擾,她害怕與人相處,又渴望與同事們保持融洽的關係。她在與人相處時總是小心翼翼,特別敏感,一旦對方稍稍表情不對,小劉就會擔心是不是自己做錯了什麼,惹對方生氣了。在和同事們聊天時,小劉總是感覺心慌、不自然。在面對主管時,小劉更覺得害怕。遇到開會發言,小劉則是能躲就躲。

　　但為了能和每個人都保持良好的關係,得到每個人的喜愛,小劉會努力表現得熱情大方,比如主動和同事聊天、幫同事做事,藉此得到大家的好感。但內心深處,小劉卻總擔心自己搞砸什麼,遭到大家的嫌棄和厭惡,還總是擔心自己會被大家排擠,十分在意別人對自己的看法,並常常陷入嚴重的自我懷疑之中。

　　身為一名講師,小劉可以在課堂上侃侃而談,但在人際交往中卻總是手忙腳亂、焦慮不已。她的這種心理不僅影響了她與同事的相處,也影響了她與丈夫、兒子的相處,她經常忍不住向老公或兒子發火,冷靜下來後又會覺得後悔。一天,小劉9歲的兒子對她說:「媽媽,妳知道我覺得最幸福

的事情是什麼嗎？」小劉問他：「媽媽不知道，但媽媽很想知道，是什麼呢？」兒子說：「每當我調皮犯錯時，妳都會逼我認錯，我認了錯妳就原諒我。」兒子的這句話刺痛了小劉，小劉開始反思自己對待兒子是不是太嚴厲了，總是在逼他認錯。

小劉意識到自己是個內心封閉的人，自卑而孤傲，總是過分敏感，從小到大都特別在意別人的看法，特別擔心別人討厭自己，說話前總要反覆思量。小劉覺得自己這種害怕被人討厭的心理與自己的童年經歷密不可分，她甚至覺得導致自己人際關係緊張的原因就是自己不快樂的童年。

小劉是家裡最小的女兒，在生活上得到了父母足夠的照顧，卻並未從父母那裡感受到足夠的關愛。她的父母非常刻板，從有記憶以來，父母就對小劉特別嚴格，經常責罵和教訓小劉。父母以及哥哥姐姐，經常對小劉說：「家裡就妳最笨，一點長進也沒有。」

有時候，小劉會想自己為什麼總是無法得到父母的肯定呢？每當她犯錯時，父母就會嚴厲批評她，但當她做好一件事情時，她卻也無法獲得父母的肯定。讀書後，小劉的學習成績很優秀，再加上她乖巧聽話，因此她總能得到親戚朋友的誇獎，卻從未獲得過父母的誇獎。有一次，小劉考了第一名，她本以為這次自己會被父母誇獎，但父母還是朝她潑冷水，說這是僥倖而已，讓她別驕傲。當小劉忍不住質問父母

第一章 心靈上的排毒—安全感與性格

時,父母只說因為她並沒有做到最好,所以不能誇獎她,以免她驕傲。

漸漸地,小劉養成了爭強好勝的性格,她一直暗自較勁,一定要比父母、哥哥姐姐能幹、有出息。小劉的努力有了回報,她在讀書時學習成績不錯,上班後工作能力也得到了他人的認可,但小劉卻不會處理人際關係,甚至有社交障礙,總害怕被人討厭,努力地討好別人。她的內心始終是自卑而敏感的。有時候,小劉也會埋怨父母,她覺得父母雖然給了她身體和生活上的照顧,卻並沒有給過她精神上的關心。同時小劉又會覺得愧疚,她知道父母已經為自己付出了很多,自己不應該責怪父母,她只能責怪自己,責怪自己性格不好,情緒經常陷入憂鬱之中,想要改變卻不知該怎麼做。

每個人都渴望得到他人的喜歡,因此討好對方變成了一種比較常見的人際交往方式,例如透過討好的方式獲得父母或戀人的喜歡,這種討好的心理是可以理解的。但有的人會去討好任何人,害怕被人討厭,甚至去討好自己並不喜歡的人。一個人會養成討好的性格,通常與他的童年經歷密切相關,就像小劉一樣,因為沒有從父母那裡感受到足夠的關愛,因此養成了討好型的人際相處模式。

如果一個人討好別人已經到了犧牲自己的需求的地步,那麼就說明他有著十分強烈的「情感飢餓」,不過他一般不會

意識到自己的「情感飢餓」，甚至不會意識到自己沒有從父母那裡感受到足夠的關愛。在上述案例中，小劉顯然意識到了自己性格上的缺陷，她為此痛苦、憂鬱，同時她也在思考自己為什麼會用討好的方式來與同事們相處，這與自己父母嚴厲的教育方式密切相關。雖然小劉不知道自己該如何做出改變，但她已經邁出了一大步，已經能夠意識到自己的心理需求，知道自己討好他人只不過是在獲得補償性滿足，而這並不能真正讓她獲得心理上的滿足。

在童年時期，所有的孩子都渴望能向父母撒嬌，能得到父母足夠的關愛和注意，渴望能與父母建立親密的關係。但並不是所有孩子的這種情感需求都會得到滿足，例如小劉就從未獲得過父母的支持和肯定，不論她表現如何，在父母那裡獲得的回饋只有一個——否定。

總是被父母否定的孩子，由於無法與父母保持親密的關係，會感到緊張和焦慮，為了引起父母的注意，獲得父母的喜愛，兒童會努力按照父母的期望去做，例如乖乖聽話，努力學習。隨著年齡的增長，他們會將這種討好父母的相處模式延伸到其他人身上，透過討好的方式得到他人的好感，從而使自己獲得滿足。

與許多動物不同，人的頭部過大，為了順利分娩，人在未發育完全時就會出生，否則過大的頭部會導致產婦難產甚至死亡。也就是說，每個人在剛出生時都是「半成品」，因此分

第一章　心靈上的排毒──安全感與性格

外脆弱，需要父母的照顧。人從出生到長大成人都需要仰賴父母而生存，所以兒童才會如此渴望父母的愛，害怕被父母討厭。一個得不到父母關愛的兒童，會時刻生活在被討厭的恐懼之中。為了消除這種恐懼，兒童會努力討好父母，從而得到父母的喜愛，這是他保護自己的方式。久而久之，他就會形成討好的相處模式，他犧牲自己的需求去討好別人，就因為他不確定對方會愛自己，無法相信如果自己不討好對方，對方也會願意對自己付出愛。在一段健康的關係中，雙方相互尊重是必須的，誰也不需要犧牲自己的需求來討好對方。

一個人如果在童年時期沒有得到足夠的愛，長大後也不會有安全感，他在與人相處的過程中不會覺得心安，哪怕這個人與他的關係十分親密。如果你意識到自己總在討好周圍的人，害怕得不到周圍人的認可，甚至會為了討好對方犧牲自己的需求，並且覺得很痛苦，那麼你就要重視自己性格中的缺陷了，意識到自己之所以會如此是因為童年時期缺乏關愛。

如果你能將害怕被人討厭與缺乏關愛這兩件事連結起來，你就會認識到自己害怕被人討厭，只不過是自己的心理問題，是自己太過在意別人的看法了。所以在擺脫這種恐懼心理的時候，你只要告訴自己這是一種錯誤的相處方式就可以了。

另外，你還要有一個十分重要的觀念，即相信自己是值得被愛的，不用刻意討好他人，你也會得到他人的尊重和愛。

迎合別人，抹殺自我

　　小王獨自一人在海外讀大學，她從小成績就非常優異，周圍的同學、朋友都很羨慕小王，但這些人的羨慕並沒有讓小王感到自信和開心，反而讓她被一種無力感所籠罩。對於小王來說，優異的成績只是自己討好家人，讓家人感到開心的本錢或者說手段。實際上每逢考試，小王都會十分緊張，唯恐自己考試失利，導致自己失去討好家人的本錢，失去父母、親戚、朋友的支持。

　　在考大學的時候，小王的父母覺得自己的女兒很優秀，一定能考上好的學校，但結果卻不盡如人意。這段經歷讓小王留下了很深的印象，她甚至覺得自己並不優秀，自己優秀的表現只是一場幻影而已。現在小王面臨著博士學位申請，想到當初自己報考大學時的經歷，小王非常害怕同樣的事情會重演。幸運的是，小王抓住了機會，在導師的指導下，成功獲得了到海外攻讀博士的機會，這讓父母、親戚、朋友都很開心。

　　如今，小王在人際交往上遇到了困難。父母和親戚、朋友總說小王不懂得人情世故，讀書讀得不錯，卻不會做人。父母經常對她說：「妳不要常常板著一張臉，要多笑一笑別

第一章　心靈上的排毒──安全感與性格

人才會喜歡妳。妳要主動表達自己的觀點，這樣別人才會注意到妳。還有，妳總愛耍小孩子脾氣，在家裡父母可以包容妳，到了外面沒有人願意忍受妳的小孩子脾氣。妳現在應該多注意一下自己的外表，不要像以前那樣，要學會多打扮自己。」每當父母這樣提醒小王時，小王都會覺得煩悶，她也知道這些都是善意的提醒，卻總會不由自主地去想：「難道是我不夠好、不夠優秀嗎？所以才沒有人喜歡我嗎？」

後來小王接觸到了一些患有憂鬱症的朋友，在與他們相處的過程中，小王感到了更強烈的無力感。起初，小王會盡自己所能去幫助、照顧這些朋友，但漸漸地，小王發現自己的幫助毫無作用，只是一種形式，不會對結果產生任何改變，她無法改善朋友們的憂鬱症狀，也無法緩解他們的憂鬱情緒。每當這時，小王就會覺得無能為力，並陷入巨大的絕望之中。

娜娜是小王一個很要好的朋友，患有憂鬱症。小王為了幫助娜娜，傾盡了自己的時間、精力、金錢。娜娜每當在凌晨覺得憂鬱、痛苦時，都會打電話給小王，小王就會趕到她身邊，陪她聊天，直到娜娜有了睡意。這時，小王就會帶著疲倦和負能量離開，開始準備自己第二天的學習，甚至是考試，有時候她要熬到凌晨三四點才能回去睡覺。小王家裡的經濟狀況不是很好，無法經常到外面去吃飯。可是每當娜娜提出到外面吃飯時，小王一定會答應，她覺得這樣娜娜就會開心。

在與娜娜相處的過程中，小王會將她的需求放在第一位，把自己的需求和感受都放在後面。她唯恐自己的言行會傷害娜娜，每當覺得娜娜的不開心是自己導致的時，她就會非常絕望。

與憂鬱症患者的相處是十分痛苦的，娜娜會將她的絕望、悲傷等種種負能量都倒給小王。漸漸地，小王覺得自己受不了了，她不想再接受娜娜的負能量，想要遠離她。這時，小王就會覺得愧疚，她覺得自己不應該這樣對待娜娜，娜娜是個憂鬱症患者，需要自己的幫助和照顧，她不應該放棄娜娜，不應該將自己的需求放在娜娜之上，那樣自己就太自私了。小王發現自己根本做不到放任不管。

如果一個人在童年時期承受了父母的過度期待，那麼他就會漸漸將這種期待內化，將父母的期待變成自己的奮鬥目標。表面上來看，這樣做有利於一個人付出努力、變得優秀，像小王一樣，她會透過不斷努力滿足父母、親戚和朋友對自己的期望。但事實上，優秀的小王活得很痛苦，她沒有自信，反而總是擔心自己的優秀形象隨時可能因為一次不好的成績而崩塌。

小王活得非常辛苦，為了取得好成績，她在學習時不敢有絲毫懈怠，她透過努力獲得優秀的成績並不是為了獲得自我滿足，而只是為了達到或維持父母、親戚和朋友對自己的期望，因為小王根本無法忍受他們對自己感到失望。小王自

己都沒有意識到,她對父母的過度期望充滿了憤怒和痛苦,但她不敢向父母發洩自己的憤怒,只能轉向內部,將父母的過度期望內化成對自己的要求。所以小王無法忍受自己不優秀,更無法忍受自己出現失誤,但這對小王來說太累了,她常常會因此感到無力、絕望。每當這時,小王就會想起父母的善意提醒:「妳還不夠優秀,妳應該能做到更好。」於是小王會一邊痛苦地努力著,一邊無力地絕望著。

在處理人際關係的時候,小王同樣不敢有絲毫懈怠,總是小心翼翼地去滿足對方,而忘記了自己的需求。小王在潛意識裡認為,自己只有做到讓對方滿意,才能得到對方的愛。在不斷壓抑自己的過程中,小王不知不覺地形成了誰都不會愛自己的想法,在努力迎合、順從他人的過程中,小王的自我漸漸被抹殺。

沒有人願意一直壓抑、改變自己,一個人在抹殺自我的過程中,會充滿了憤怒。如果他意識不到自己的憤怒,將自己的怒火也壓抑下去,那麼他會因為長時間的壓抑自我而感到無力、焦慮,最後陷入憂鬱之中。

小王在與娜娜相處的過程中,一直在不斷壓抑自己的需求,她明明不想出去吃飯,卻為了讓娜娜開心,頂著經濟壓力外出吃飯;她在第二天還有考試,卻忍受著睏倦和壓力熬夜陪娜娜聊天,緩解娜娜的憂鬱情緒,然後自己複習到凌晨三四點,應對第二天的考試。小王在迎合娜娜的過程中,已

經開始為難自己、犧牲自己的需求,她也想過放棄,但卻被自責所籠罩。雖然小王能從娜娜的開心、讚揚中感到欣喜,覺得自己這樣做是值得的,但這種美好的感受只是暫時的,更多的時候小王會感到無力、焦慮。

一個人為了迎合別人而抹殺自我,代表他內心深處對自己是憎惡的,這是從童年起就養成的習慣。在小時候,小王會為了達到父母的期望而迎合父母,因為只有這樣小王才覺得自己得到了父母的愛和支持。於是小王漸漸養成了不斷滿足他人期望和需求的習慣,否則小王就會覺得自己不值得被愛、被支持,甚至會覺得他人會因此而離開自己。長大後,小王習慣性地在人際交往中順從他人,透過不斷滿足對方的需求、期望來迎合別人,因為憎惡自己的小王不相信自己是值得被愛的。

小王因迎合他人抹殺自我而感到憤怒,但她又會覺得自己不應該感到憤怒,更不應該去發洩憤怒,從而一邊迎合對方,一邊感受憤怒。在抹殺自我的過程中,她的心理能量會一點一點被消耗掉,她會因此變得焦慮起來,整個人看起來「硬邦邦」的。所以小王總是板著一張臉、皺著眉頭,她幾乎不會笑。她的父母提醒她要多笑一笑,這樣才有利於與人相處,但小王的心理能量已經在迎合他人的過程中被消耗完了,她的內心壓抑著憤怒,怎麼可能輕易露出笑容。

當小王忍受不了娜娜對自己的索求時,她想要遠離娜

第一章 心靈上的排毒—安全感與性格

娜，但她很快就壓抑了這個念頭，因為她內心覺得過意不去。娜娜對她來說很重要，她無法承受自己失去娜娜。小王會迎合娜娜，是因為她從心理上依賴娜娜，她透過照顧、遷就和愛娜娜來獲得滿足感，只有這樣她才覺得自己是值得被愛的。

一個人在心理上依賴某個人是一種十分常見的現象，但如果為了滿足自己對他人的依賴心理而抹殺自我，只會導致心理問題的發生。這時，我們就要想辦法擺脫這種依賴。如果你的依賴對象是一個很在乎他人的感受、需求的人，那麼你沒必要擺脫對他的依賴，因為你不需要抹殺自我去迎合對方。但如果你的依賴對象是一個控制欲很強的人，而且不在意他人的感受、需求，那麼你就要想辦法擺脫對他的心理依賴，否則你會在長時間的討好中漸漸抹殺自我，使自己的心理問題變得越來越嚴重。

在人與人相處的過程中，健康的相處方式建立在相互理解的基礎上。而對於只會迎合他人的人來說，他既沒有做到理解對方，也沒有給對方理解自己的機會，只是為了討好而迎合，透過抹殺自我做出了巨大的犧牲，卻並不利於雙方的感情。健康的相處模式在於學會傾聽對方、理解對方，並且表達出自己的感受和需求。

我們只能為自己負責

　　小文是一個私生女,小文的父親是一個家世顯赫的男人,但他並不承認小文的存在,也根本沒打算撫養這個女兒。於是撫養小文成了母親阿娟一個人的事情。

　　阿娟在照顧小文時極為細緻,甚至已經到了溺愛的程度。在小文9歲時,阿娟還要抱著她上廁所;小文15歲時,阿娟還要親自幫她穿衣服。表面上,阿娟好像在無微不至地照顧小文的生活,實際上她在用溺愛的方式控制女兒的人生,好將女兒綁在自己身邊。

　　身為私生女的小文從小就知道,她的父親是個不負責的男人,拋棄了她們母女。好在缺失父愛的小文有個全力為她付出的母親,母親為了照顧女兒犧牲了一切。但是小文並沒有從阿娟那裡獲得母愛,阿娟總是表現得喜怒無常、暴躁易怒,在與阿娟相處的過程中,小文學會了迎合。

　　小文一直在主動照顧阿娟的情緒,一方面是出於愧疚感,她的母親為了她付出了很多,她必須得報答母親,否則她無法原諒自己;另一方面是出於恐懼感,小文從小與阿娟相依為命,阿娟是她唯一的依靠,再加上阿娟經常發火斥責她,這讓她產生了一種害怕被母親拋棄的恐懼。

第一章　心靈上的排毒─安全感與性格

　　表面上，阿娟是母親，她在生活上無微不至地照顧小文；事實上，從心理的角度看，扮演母親這個角色的人恰恰是小文，她一直在照顧著阿娟的情緒和感受，她才是那個情感的給予者，阿娟並沒有給予小文母愛。

　　阿娟是個單親媽媽，看起來是因為小文父親對她的欺騙和拋棄，對她造成了深刻的傷害，讓她產生了一些心理問題，如果小文父親對她不那麼無情，她也不會在面對小文時喜怒無常。但事實上，對阿娟產生深遠影響的人是她的母親，阿娟曾經也像她的女兒小文一樣，無微不至地照顧著母親的情緒、情感。

　　阿娟1歲時，她的母親就和父親離婚了。等阿娟懂事後，她才了解到母親當初嫁給父親，並不是因為愛，而是家裡的安排。讓阿娟印象最深的是母親對她說過的一句話：「還好妳是一個女孩，妳要是一個男孩，我不會要妳。」這是因為阿娟的母親十分討厭自己的老公，她覺得如果是個兒子，簡直就像是她老公的縮影，讓她無法忍受。但因為阿娟和爸爸長得很像，這讓她的母親十分討厭，她總是不遺餘力地貶低阿娟的長相，她經常罵女兒：「妳長得真醜，丟到街上去都沒人要。」有時候連周圍的朋友都聽不下去了，會勸解她：「那是妳的親生女兒啊，妳怎麼捨得這樣罵她。」但阿娟的母親仍然無動於衷。

　　長大後，阿娟的母親開始干涉阿娟的婚姻，她不准阿娟

結婚。阿娟其實長得很漂亮，有很多男人追求她，她想要結婚，但母親卻極力阻止，叫阿娟不要結婚，對她灌輸男人和婚姻的可怕之處，甚至還會跟身邊的人說：「千萬不要在阿娟面前提結婚兩個字。」阿娟一直想不通母親為什麼不讓自己結婚，在她看來只要是一個正常的母親，都會希望女兒能夠結婚，有個好歸宿。實際上，阿娟的母親是擔心阿娟在結婚後會離開自己，那樣她就無法控制女兒了，到那時誰來照顧她的情感、情緒呢？猜想她自己都沒有意識到，身為母親的她居然如此依賴女兒。

後來，阿娟懷上了小文並且被男友拋棄，她將此事告訴了母親，母親對她的行為十分生氣，但還是支持她把孩子生了下來。起初，阿娟靠著以前的積蓄應付自己和女兒的生活，積蓄花光後，她開始向母親要錢，因為母親曾說她會照顧她們母女，而且阿娟當時所能依靠和相信的人只有她的母親了。

每當阿娟去向母親討要生活費時，母親都會給她錢，只是給錢的方式讓阿娟難以接受。母親會將錢都丟在地上，然後讓阿娟跪著一張一張撿起來，而這一切都被小文看在眼裡。當時阿娟也覺得這樣很屈辱，但是沒有辦法，她和女兒要生活，她沒有一份好工作，也沒有收入來源，她只能祈求母親的施捨。

除此之外，阿娟還要擔心母親可能隨時爆發的脾氣，母親甚至會在半夜時分闖入阿娟的住所，大罵阿娟不爭氣，甚

第一章　心靈上的排毒──安全感與性格

至拿著菜刀逼迫阿娟去找孩子的父親。每當母親發火，拿著菜刀嘶吼責罵時，阿娟只能抱著女兒縮在角落裡，她很害怕，但又不知道該如何擺脫母親的折磨和懲罰。後來她將家裡所有的刀具都扔掉了，每逢夜晚都會將房門用一把椅子頂著，防止母親半夜跑來發瘋。

阿娟在經濟上一直依靠母親，但在這段母女情感關係中，她與母親所扮演的角色恰恰也是相反的，她一直在照顧母親的情緒、情感，而母親一直在對她進行控制，從貶低她的長相，到反對她結婚。阿娟的母親這麼做不過是在彌補自己內心的空虛，她猶如一隻情感寄生蟲，沒有自我，只能依賴女兒對她的需要生活。

在生下女兒後，阿娟一直口口聲聲說自己要為女兒負責，她還聲稱自己十分重視小文的教育。的確，小文從小就被送入貴族學校，各方面生活條件也都不錯，但她忽視了小文的情感需求。她也變成了一隻情感寄生蟲，母親的壓迫，丈夫的缺席，讓她極度缺少關愛，於是她選擇控制女兒，用女兒對自己的需要填補自己人生的空虛。

於是，小文開始被一種無力感所籠罩，她的情感世界開始變得荒蕪，她只能用自己少得可憐的情感養分來供養阿娟這隻情感寄生蟲。隨著年齡的增長，小文變得越來越叛逆，她與阿娟之間的關係也變得越來越緊張。以前，小文與阿娟的關係十分親密，但當她無法承擔照顧阿娟的情緒、情感

的重任時,就開始與阿娟產生衝突,以此來擺脫阿娟對自己的控制。她的叛逆變本加厲,從最初的抽菸、自殘、離家出走,到後來報警反抗阿娟,最後小文突然宣布自己與一名外國男子結婚。

像阿娟與小文這樣的寄生式母女關係在心理學上被稱為「共生關係」。共生關係原本屬於生物學範疇,指生物之間相互依存、共同進步的關係。

20世紀,瑪格麗特・馬勒(Margaret Mahler)教授將生物學上的共生關係概念引入了心理學人格領域的研究之中。

馬勒教授認為母親與嬰兒之間存在共生關係,剛出生的嬰兒只能和母親共生在一起,他無法脫離母親而生存。在這個階段,嬰兒與母親之間的共生關係屬於正常現象。但隨著年齡的增長,嬰兒會漸漸擺脫與母親的共生關係,真正成為一個獨立的個體。

當嬰兒從母親身體內分娩出來的時候,他第一次在生理上與母親分離,就生理而言,他與母親的一體化變成了兩個獨立的個體。但嬰兒如此弱小,只能依賴母親而生存。在1歲之前,嬰兒在生理上無法完全控制自己的身體,需要依賴母親;在心理上嬰兒會認為自己與母親是一體的,他的情緒會隨著母親而變化,母親高興他也會高興,母親悲傷他也會跟著難過。

第一章　心靈上的排毒─安全感與性格

在這個正常的共生階段內,嬰兒會產生一種全能感,他認為世界在圍繞著他轉,他是世界的中心,而嬰兒的世界就是母親。當他哭鬧時,母親就會關注他,替他餵奶、換尿布、哄他睡覺等,當母親及時滿足了嬰兒的生理與心理需求時,嬰兒的全能感就會得到保護,否則嬰兒的世界就崩塌了。

隨著年齡的增長,幼兒漸漸可以控制自己的身體,他學會了爬、走路,於是他開始以母親為中心探索周圍的世界,母親與孩子的分離便開始了。

如果一個人已經成年,他還是與母親保持著共生關係,那麼這就是病態共生。就算兩人的關係再親密,也需要有明確的界限,雙方要明白他們彼此是獨立的個體。如果在親子關係中,出現了界限模糊的情況,那麼勢必會對母子雙方帶來傷害,最終的結果只能是兩敗俱傷。

在阿娟與小文的母女關係中,就存在情感共生的現象。小文身為女兒,自然很依賴母親,她從出生起就不斷吸收著母親給自己的一切,於是她漸漸形成了習慣性討好並滿足母親需求的習慣,沒有了自我。

在華人世界,這種「情感共生」的親子關係十分常見,許多父母都意識不到孩子是一個獨立的個體,自己應該與孩子保持一定的距離。他們恨不得一輩子都和孩子綁在一起,他們自己沒有完整的人格,所以只能積極參與孩子的人生,控

制孩子，從一日三餐到就業結婚，用控制孩子的方式來獲得安全感。他們在心理上對孩子產生了過度的依賴，對他們而言孩子就是唯一的「精神支柱」。

燕燕與兒子的關係十分親密，她總是向同事們炫耀她和兒子的關係如何好，還說她的兒子就沒有青春叛逆期，他們晚上會在睡前躺在床上聊天。但燕燕的兒子已經13歲了，每晚還是和母親睡在一張床上。

燕燕的丈夫老張是家裡的棟梁，但同時也是家裡可有可無的存在，妻子、兒子從未體會過來自老張的愛。在正常的家庭關係中，夫妻感情十分重要，夫妻關係應該是家庭的核心，但自從兒子出生後，燕燕的生活重心都轉移到了兒子身上，丈夫不再受到她的關注和重視。在一個家庭中，如果夫妻雙方中有一方缺席，例如離婚，或者心理缺失，例如喪偶式婚姻，那麼另外一方很可能就會向孩子尋求情感安慰，孩子就會成為填補這個情感空缺的人。表面上看，燕燕的家庭關係很穩定，她也很享受與兒子之間的親密感，甚至覺得與兒子睡前躺在床上聊天是促進感情的最好方式。事實上，燕燕與兒子之間是病態的共生關係。

父親在家庭中的缺席十分常見，在喪偶式婚姻中，父親雖然每天下班按時回家，卻將家當成了旅館，成為家裡的客人，或是成為一個隱形的人。

燕燕的情感需求應該由老張來滿足，但由於老張丈夫角

第一章 心靈上的排毒──安全感與性格

色的缺席，她的兒子在無形中扮演了父親的角色，來滿足母親的情感需求。對於燕燕來說，與兒子的相處十分輕鬆愉快，她能從兒子身上獲得安全感，在這個世界上還有什麼關係比血緣關係更為牢固和安全呢？她完全不用擔心被兒子背叛、傷害。而且兒子通常不會像丈夫那樣和自己抗爭，他會順從、迎合、滿足母親的需求，這讓燕燕感受到了一種掌控感，她完全控制著另外一個生命。在這段共生關係中，燕燕這位母親顯然壟斷了兒子的情感經營權。

每個人都會產生負能量，並有一種想要將負能量傾倒給其他人的衝動。在共生關係中，身為控制一方的父母常常會將子女當成「垃圾桶」，將自己的負能量都傾倒給子女。燕燕的兒子總是很聽話，沒有像其他青少年那樣產生叛逆的言行，燕燕覺得很自豪，但實際上她已經嚴重阻礙了兒子的成長。對於燕燕來說，她很享受與兒子的相處，因為兒子聽話、愛她，還無條件地包容她的情緒。燕燕覺得這是愛的表現，她愛兒子，兒子也愛她，所以兒子才會那麼聽話。事實上，燕燕所謂的母愛自私到了極點，她要的並不是愛，而是兒子對她的服從以及她對兒子的完全掌控。

共生關係會對雙方帶來危害。當兩人的關係親密到了沒有界限的地步，那就相當於連體嬰，兩人時時刻刻都得在一起，相互依存的同時，也相互牽絆。燕燕的兒子能滿足她的情感需求，她在與兒子相處的時候覺得很滿足，但隨著兒子

的年齡越來越大，燕燕的恐慌感也會越來越強烈，因為她知道兒子遲早有一天要離開，例如到外地上大學、結婚生子等，她在兒子身上所獲得的滿足感終會消失。在所有的關係中，我們與伴侶的相處時間是最長的，在建立婚姻關係之後，讓伴侶來滿足自己的情感需求才是一段正常的親密關係，但對於燕燕來說，她已經不知道該如何修復與丈夫之間疏遠的關係了。

對於燕燕的兒子來說，他還未成年，他並不知道自己與母親之間的情感共生是病態的，需要他去拒絕和改變，同時他又會為此感到痛苦。他不僅需要填補父親的空缺，滿足母親的情感需求，還需要承受母親的負能量，例如母親焦慮的轉移，這會對他的心理帶來沉重的壓力。燕燕的兒子可能會來一次徹底的叛逆，遠離家庭，將母親趕出自己的人生；他也可能完全成為被母親控制的「奴隸」，一直與母親保持著親密的關係，放棄探索外界，只願意留在家裡，陪在母親身邊。

太過親密的母子關係會讓兒子在與母親以外的女性建立親密關係時遇到困難，因為他與母親之間太過親密了，已經超過了正常的母子關係。女朋友或妻子會覺得自己像個第三者一樣，很難介入他們母子的關係中。

在許多人看來，婆媳關係是世界上最難相處的關係。婆媳矛盾之所以會存在，很多時候就是因為婆婆沒有邊界感，

第一章 心靈上的排毒──安全感與性格

不知道該如何與兒子保持距離。當然,兒子也有很大的責任,雖然他早已成年,但心理上還是個未斷奶的孩子,無法擺脫對母親的依賴。所以當一名女性想要和丈夫建立親密關係的時候,她勢必會和婆婆產生競爭,這樣一來雙方必然會出現衝突。一個心理不成熟的男人在處理婆媳衝突時,會因為與母親的情感共生關係而向著母親,和妻子對抗,這樣一來,家庭衝突必然會加劇。

打破共生關係,走出情感共生的局面,需要很大的勇氣。就像哪吒,他是中國古代神話故事中一個相當「叛逆」的角色,因為無法忍受父親的逼迫而自戕──割肉還母,剔骨還父。後來在太乙真人的幫助下,哪吒的魂魄藉助蓮花蓮藕重生。一個在情感共生中苦苦掙扎的人想要在心理上和父母劃清界限,必須得拿出像哪吒剔骨還肉的勇氣來,只有這樣才能重獲新生,成為一個擁有獨立人格的人。

情感共生的現象在單親家庭中尤為常見。單親家庭中,母親(父親)與孩子是相依為命的狀態,有的母親(父親)會為了孩子而主動放棄尋找另一半,為了孩子而犧牲自己下半生婚姻的幸福。這樣一來,母親(父親)會將自己的人生重心都放在孩子身上,對孩子抱有極大的期望。通常情況下,孩子都會對母親(父親)充滿了感激,同時也會覺得自己虧欠了母親(父親),母親(父親)是因為他才犧牲了幸福。

一旦孩子對母親(父親)產生了一種愧疚感,那麼在他的

潛意識裡就不允許自己過得太幸福，否則就是對母親（父親）的背叛。他會覺得母親（父親）為了他一個人辛苦了那麼多年，如果母親（父親）過得不幸福，而他又過得很幸福，那是對母親（父親）的背叛。

每個人剛出生的時候就像一塊海綿，原生家庭不論給予他什麼，他都會吸收，在這個過程中，他會漸漸形成屬於自己對生活的認知，這種認知會成為他的自我生存策略。在親子共生關係中，孩子的自我生存策略就是討好、滿足母親或父親的需求，會習慣性地成全母親或父親，將自我壓抑下來，在原生家庭的共生關係中越陷越深，不會成全自己，也不會為自己而活，甚至連內心都不再屬於自己。

當一個人已經習慣了共生關係後，再想要擺脫共生關係，這對他來說就會變得尤為困難。因為他在遇到困難和阻礙時會習慣性地回到情感共生關係中，那對他來說很熟悉，人們往往會產生一種熟悉即簡單（好）的錯覺。所以想要擺脫共生關係，除了要鼓足勇氣外，還需要從內心釐清自己與他人的關係，只有明確兩人之間的界限，才能建立一個屬於自己的新世界。

在阿娟與小文的母女關係中，阿娟沒有自我，她像個寄生蟲一樣向女兒索求，讓女兒滿足她的情感需求。小文最初也在順從，但後來她漸漸覺得力不從心，畢竟每個人的心理能量都是有限的，無法供養一個人貪婪地索求，於是小文變

得叛逆，並漸漸擺脫了與母親的共生關係。如果阿娟想要挽救這段母女關係，就必須學會讓自己成長，學會對自己負責，回到自己身為母親應有的角色上，讓小文也回到女兒的位置上。

我們每個人都應該明白，自己的精力和力量是有限的，我們終其一生只能做到為自己負責，無法為他人負責，否則太過沉重的責任會將我們壓垮。

第二章　隱形的情感能力
——父母影響與情感模式

第二章　隱形的情感能力—父母影響與情感模式

沉浸在世界贏家的自戀幻覺中

　　2015 年 6 月，美國密蘇里州發生了一起命案，被害人蒂蒂被人刺死在自家臥室內，身中數刀，倒在血泊裡。驗屍結果顯示，被發現時蒂蒂已經死去好幾天了。警方在調查的時候發現，蒂蒂在社交網站上發出的最後一條動態是：「那個女人死了！」

　　這條動態引起了警方的懷疑，蒂蒂在當地是有名的模範母親，她有一個半身癱瘓、智能障礙的殘障女兒，但她並沒有埋怨命運的不公，反而表現得十分堅強樂觀，感動了無數人，在社交網站上有許多粉絲。當粉絲們看到「那個女人死了」這條動態時，並沒有想到蒂蒂被人殺害了，只是覺得她可能被盜號了。

　　在警方發現蒂蒂的屍體時，她的女兒吉普賽卻不見蹤影，警方只在臥室裡發現了吉普賽的輪椅。

　　透過科技手段，警方查到了發送那條動態的 IP 地址，指向威斯康辛州一個叫尼古拉斯的人家中。警方迅速派出警力包圍了尼古拉斯的房子，尼古拉斯很快就投降了。警方在尼古拉斯的家裡發現了失蹤的吉普賽，只是令人吃驚的是，吉普賽不僅可以正常走路，還具有清晰的表達能力，智商看起來和正常人無異。

許多年前，吉普賽曾和母親一起出現在大眾面前。那個時候的她和母親所描述的完全一致，她下半身癱瘓，完全沒有獨立行走的能力，只能坐在輪椅上被母親推著，而且她的腿部肌肉已經出現了萎縮的症狀，她的智商也只有7歲孩子的水準。吉普賽每天要攝取大量的藥物，小小年紀就掉光了頭髮和牙齒，必須依靠鼻胃管進食。有時候吉普賽的病情會嚴重到需要隨身攜帶氧氣瓶。

被捕後的吉普賽告訴警方，她夥同男友尼古拉斯殺死了母親，因為她再也忍受不了母親對自己的病態控制了。吉普賽是個很健康的女孩，但從她有記憶起，母親就告訴她，她得了癌症，需要將頭髮剃掉，她還按照母親的吩咐每天吞食大量的抗癌藥物。這些抗癌藥物有很大的副作用，但吉普賽從未反抗過，她相信母親說的話，並乖乖聽從母親的命令。後來母親策劃了一個巨大的騙局，吉普賽在母親的命令下，開始偽裝成下半身癱瘓的低能兒，而她的母親則是一個對女兒不離不棄的偉大母親。在母親的病態控制下，吉普賽每天都過著生不如死的日子。

23歲時，吉普賽接觸到了網路，並在網路上與尼古拉斯建立了戀愛關係。當母親得知吉普賽有一個網戀男友後，震怒之中直接將吉普賽的電腦給砸壞了。後來，蒂蒂換了一臺新電腦，她雖然沒有阻止女兒繼續使用電腦，卻規定女兒必須得在她的監視下使用電腦。吉普賽只能在半夜趁著母親熟

第二章 隱形的情感能力—父母影響與情感模式

睡之際偷偷起床上網。慢慢地，吉普賽越來越無法忍受母親對自己的病態控制，她漸漸意識到這種生活的異常，不想再承受生理和心理的雙重痛苦，於是就向男友尼古拉斯求助，兩人一起合謀殺死了母親。

被捕後，吉普賽承認自己殺死了母親，她被判處二級謀殺罪，需要服刑 10 年，可以在 7 年半時申請假釋。吉普賽很快適應了監獄裡的生活，她還留起了長髮，不再吃任何藥物，她的健康狀況一直很不錯，甚至還增重了 14 公斤。吉普賽表示：「我覺得在監獄裡的生活，比之前跟媽媽在一起生活要自由得多。」不論是在生理上還是心理上，吉普賽終於擺脫了母親的控制。

吉普賽的母親是一個典型的自戀者。自戀者的眼中只有自己，認為自己是個十分有魅力的人，高人一等，從不接受他人對自己的批評，不認為自己會犯錯。如果一個人的父母是自戀者，那麼他的童年將會是一場災難。

自戀型父母對子女只有一個要求，那就是無論何時何地都要聽自己的，他們從不關心子女的需求和感受，一切都要按照自己的意志來，否則他們就不能接受。對於自戀型父母來說，他們從不會承認別人也有自主權，在他們看來，只有自己才知道怎麼做最正確，自己永遠是對的，子女只需要乖乖聽話就好，否則他們就會發火，向子女表達自己的不滿和失望。

自戀者只愛他自己，他會利用子女來滿足自己的需求，將子女視為自己的延伸，而非獨立的個體，甚至會為了一己私利來剝削子女。例如吉普賽的母親為了享受人們的關注和同情，故意將健康的女兒扮成一個癱瘓的低能兒，這樣她就能扮演一個偉大無私的母親，從而滿足其自戀心理。對於她來說，女兒並不是一個獨立的人，只是她的附屬品，因而她對女兒的痛苦視而不見。

自戀者十分擅長操縱人心，他會充分利用他人的內疚、憤怒、悲傷和愧疚，從而使對方徹底成為他的傀儡，完全按照他的要求去做。一旦對方出現反抗，自戀者就會開始批評、斥責對方，將所有的責任都推給對方。例如當吉普賽的母親發現女兒違反自己的要求，瞞著自己在網路上交了一個男友後，她大動肝火，將電腦砸壞。幸運的是，吉普賽並沒有被嚇到，她開始意識到自己生活的病態，認識到自己不應該為了取悅母親而病態地生活下去，只不過她反抗的方式太過偏激。

和自戀者的相處是十分痛苦的，因為自戀者毫不在乎自己對他人帶來的傷害。在親子關係中，子女一般會透過取悅自戀型父母的方式來獲得父母的愛，但令子女痛苦的是，自戀型父母根本不會愛自己，他們從來無法從自戀型父母那裡體會到被愛、被關心的感受。當子女試圖讓自戀型父母了解自己的感受和想法時，自戀型父母通常會忽視、貶低子女的

第二章　隱形的情感能力—父母影響與情感模式

感受，或者乾脆發火，指責子女目無尊長、不懂得感恩。

自戀者有著十分強烈的被認可的需求，這是其典型的自戀特徵，因此他們非常急切地要求別人認可自己的努力和付出，唯恐他人低估或忘記他們所做出的貢獻。而當自戀者成為父母後，他們會更加急切地想向外界證明自己的愛心和無私，於是子女就會成為他們證明自己的工具。在上述案例中，吉普賽的母親為了向外界證明自己是個高尚、無私的母親，於是就故意將自己健康的女兒扮成一個殘障者，甚至為了讓女兒配合她演戲，給女兒吃大量的對身體有害的藥物。養育一個身體健康、頭腦正常的子女，是每個母親都能做到的，並不稀奇，而辛苦養育一個殘障的女兒更能證明蒂蒂是個高尚、偉大的母親，於是她利用這一點，成了當地的模範母親，得到了人們大量的關注和同情，許多人都很敬佩她。這恰恰滿足了蒂蒂極度膨脹的自戀心理。

當然，像蒂蒂這樣極端的例子很少見。在現實生活中，更常見的情形是，自戀型父母對子女進行無私的照顧，代替子女決定生活中的一切，不容許子女的抗拒，否則他們就會表現出不高興，並透過引發子女的愧疚、恐懼心理試圖控制子女。表面上看起來，他們對子女的照顧是無私奉獻，事實上他們剝奪了子女獲得獨立的權利。

莎莎是個各方面都很優秀的女孩，人長得漂亮，學歷也不錯，性格還很開朗，唯一美中不足的是有些胖。莎莎的父

親也是個各方面都很優秀的人，他對女兒的要求非常嚴格，在莎莎上學的時候，父親就十分在意莎莎的成績，當莎莎考上知名大學後，父親逢人便會提到自己在教育孩子方面有多厲害。

大學畢業後，父親依舊掌管著莎莎的一切，從她交什麼朋友，到什麼場合穿什麼衣服，都由父親說了算。對於莎莎的體重，父親自然十分在意，他不能容忍女兒這種不「標準」的體重，經常強制女兒吃一些減肥餐。莎莎雖然按照父親的要求去減肥，奈何她屬於易胖體質，一直都瘦不下來。看到莎莎減肥毫無效果，父親就開始用言語攻擊她，說莎莎連自己的身材都管理不好，根本不配做他的女兒，甚至還提議讓莎莎去切胃。莎莎一再向父親強調，她已經瘦了好幾公斤，一直在按照科學的方式減肥，減肥是一個循序漸進的過程，急不得。父親根本不聽莎莎解釋，一直不停地批評莎莎，說莎莎沒有努力減肥，還說自己都是為了莎莎好。

與自戀型父母相處是一件很痛苦的事情，他們常常認為自己是最了解子女的人，自己所做的一切都是為了子女好。事實上，他們是以愛的名義操縱子女，以滿足自己自戀的心理，讓子女完全按照自己的意願行事，活成他們想要的樣子，滿足他們操控一切的快感，因此，自戀型父母的子女常常會產生一種無力感。

自戀型父母還總是愛發脾氣，給人一種喜怒無常的感

第二章　隱形的情感能力—父母影響與情感模式

覺,因為他們對別人的要求總是非常苛刻,要求他人能夠立刻滿足自己的需求,並且不允許出現任何差錯,有時候他們會直接說出自己的需求,但有時候不會。因此和自戀者相處還是一件十分困難的事情,他們時刻都在挑戰你的包容度。

自戀者有一套屬於自己的行為標準,並且認為只有自己才是對的,因此他們無法容忍別人做事的標準和自己的不一致,否則他們就會發脾氣。最關鍵的是,自戀者一直在隨意修改這個標準。因此作為自戀者的子女,他們永遠無法做到讓父母滿意,總是被父母批評或進行負面評價。

在一個自戀者看來,他就是人生贏家,為了證明這一點,他會處處和他人比較,以證明自己的優越性,還要確保別人明白自己比他強。為了達到這個目的,自戀者會透過撒謊、作弊、扭曲事實、誤導他人等方式,來達到自己的目的。在自戀者看來,所有人都是他為證明自己是人生贏家而可以操縱和利用的對象,子女也不例外。例如一個女孩成績非常好,家裡的經濟狀況也能夠供她繼續讀書,但她的母親卻強制她輟學打工,因為母親不允許女兒比自己強,尤其是當她得知女兒的數學成績很優秀,總是拿班裡的第一名,經常受到老師的表揚時。自戀者不允許他人在任何方面超過自己,搶了自己的風采,即使這個人是他的子女也不行。

在自戀者的世界裡,只有他才是主角,其他人一律是配角,是為了襯托和支持他而存在的。當自戀者有了孩子後,

孩子就會成為他引起別人關注的工具,例如吉普賽的母親就在利用女兒後,成了當地有名的模範母親,得到了人們的關注。自戀者十分愛表現,總會誇大自身的成就,將所有人當成他的觀眾。

　　總之,自戀者所有言行的心理動機只有一個,就是將自己看作世界的中心,其他人只是滿足他自戀心理的工具。他活在自己是人生贏家的幻覺中,周圍的人必須滿足他的這種自戀幻覺,一旦有人試圖打破,他就會勃然大怒。如果自戀者只是一個普通人,沒有突出的成就,那麼他想要控制其他人配合自己的自戀表演就是一件幾乎不可能的事情,於是他便將控制目標轉移到子女身上。子女由於年齡的劣勢,無法脫離自戀者而生活,所以子女往往是自戀者滿足自己的自戀心理的絕佳工具,也是受傷最嚴重的受害者。

第二章　隱形的情感能力—父母影響與情感模式

將孩子視為自己的私人物品

　　佳佳是一個很優秀的女孩，她博士畢業，是高分子材料結構的高材生，還達到了鋼琴檢定十級的水準。但就是這樣一個優秀的女孩，卻從未感受到幸福，她覺得自己活得很壓抑，快要被憋瘋了。這一切的源頭來自她的母親張女士。

　　張女士是一個十分在意孩子教育的人，從佳佳出生起她就致力於將女兒培養成一個社會菁英。她覺得自己做到了，34 歲的女兒很成功，不僅有博士學歷，鋼琴也過了十級。她覺得女兒的成功和優秀都是自己付出的回報。

　　而在佳佳看來，自己已經被母親控制了 34 年，她表面上很成功，精神上卻面臨著崩潰。她經常會突然情緒失控，忍不住歇斯底里地大哭。她希望母親能做出改變，放棄控制她，讓她去過自己想要的生活。但張女士執意認為自己所做的一切都沒有錯，如果不是她，佳佳不會有如今的成就，她也承認自己的教育方式過於嚴厲，可是這一切都是為了佳佳好，她常說「玉不琢，不成器」。

　　在佳佳 5 歲時，張女士就自作主張讓她學鋼琴，為了督促女兒練琴，她禁止女兒出去和其他小朋友玩耍。佳佳練琴的時候，張女士就坐在旁邊陪她，一旦發現佳佳彈錯了，她

就會拿起準備好的小棍子敲打女兒的手。在張女士的嚴厲教導下,佳佳終於考過了鋼琴檢定十級。

除了練鋼琴外,張女士還十分重視佳佳的在校成績,杜絕一切可能會影響佳佳課業的因素。為了了解女兒在學校裡的生活,張女士常常趁女兒不在家時偷看她的日記。有一次,張女士在偷看女兒的日記時,發現日記中頻繁提到一個男生的名字,女兒在字裡行間表達了對該男生的好感,張女士認定女兒有戀愛的傾向,於是跑到學校將這個男生臭罵了一頓,並讓他離佳佳遠點,當時的佳佳難堪極了。

張女士還會控制女兒的穿衣打扮,她禁止女兒穿裙子或者將自己打扮得漂漂亮亮的,她認為打扮會耽誤女兒的課業。每當佳佳將朋友帶到家裡玩的時候,張女士就會像查戶口一樣去調查女兒的朋友,一旦她覺得女兒的朋友不符合她的標準,她就會將女兒的朋友趕出家門。佳佳生活的各方面都被母親所控制,從課業到交朋友,她必須得按照母親的要求進行,否則就會遭到懲罰。佳佳按照母親的要求一路讀到了博士,她攻讀的高分子材料結構也是母親選的。

像張女士這樣專制型的父母有很多,只要孩子稍稍出現不合己意的言行,專制型的父母就會喝斥、怒罵孩子,用言語攻擊孩子,例如否定、諷刺孩子,有的甚至會虐待孩子,用打罵的方式來懲罰孩子。

專制型父母會為孩子制定很多規矩,並提出一些目標,

第二章 隱形的情感能力—父母影響與情感模式

例如對成績、才藝的要求。孩子所要做的就是乖乖服從，不能質疑，否則就會遭到父母的懲罰。專制型父母從來不會在意孩子的感受和想法，更不會坐下來和孩子溝通，每當孩子提出質疑的時候，他們都會一律拒絕，只按照自己認為正確的教育方式來教育孩子。至於這種教育方式是否適合孩子，孩子的性格特徵如何，他們根本不會考慮。

專制型的父母之所以會採取專制的教育方式，是想要透過控制孩子來突顯自己存在的意義。在上述案例中，張女士是個單親母親，她將全部的精力都放在了如何教育女兒上，只有女兒達到了她的要求，例如取得了好成績，她才會感到自己存在的意義和價值。

專制型父母只想要一個順從自己的孩子，並將順從視為愛。只有孩子乖乖按照自己的要求去做，徹底順從自己，不會質疑自己，那麼專制型父母才能感覺到被愛。否則，專制型父母就會覺得孩子在挑戰自己的權威，他們會認為自己被孩子拒絕了，沒有得到孩子的尊重，這種感覺十分糟糕。所以專制型父母會採取嚴厲的懲罰手段來鎮壓孩子的質疑和反抗。

專制型父母會對孩子帶來很大的傷害，通常情況下孩子在其控制下會失去自我，意識不到自己的權利。在一個人2歲時，他會逐漸具有自我意識，想要按照自己的意願去做一些事情，例如想要自己動手吃飯，想要外出和小朋友一

起玩耍。專制型父母通常會忽略孩子的自我意願,他們會為孩子制定一些規矩,告訴孩子這不可以,那也不可以。在上述案例中,佳佳想和同學在一起玩耍,但母親對她的交友進行了嚴格限制,告訴她哪個朋友不可交,會對她的課業產生影響,並將不符合自己要求的女兒的朋友直接趕走。步入青春期的佳佳渴望將自己打扮得漂漂亮亮的,這是每個女孩子都有的想法,但母親不允許她這樣做,理由是影響課業。孩子會在專制型父母的規定中感到自己總是被拒絕,並漸漸失去自我,因為他們感覺不到自己是可以掌控自己的,他們總是被父母所掌控,沒有權利做一些自己想做的事情。久而久之,專制型父母會將孩子培養成一個任由他人擺布的傀儡,沒有自我意識。

專制型父母雖然不一定會對孩子進行精神虐待和控制,卻一定會忽視孩子的情感需求,孩子會在父母的情感忽視下,漸漸將自己的需求埋藏起來,他會覺得自己並不重要。有的專制型父母並不一定會嚴厲懲罰孩子,但依舊是專制的,他會命令孩子去做一件事情,當他發出這個命令的時候,孩子必須放下手頭的事情馬上去執行,一旦孩子稍做遲疑,或者不願意去做,他就會說一些很難聽的話。他這麼做是為了滿足自己被尊重和被愛的需求,卻忽略了孩子的情感需求,會對孩子的心理帶來傷害,讓孩子產生一種自己的感覺和需求無關緊要的感受,陷入自責和莫名的憤怒之中。

第二章　隱形的情感能力—父母影響與情感模式

　　對於專制型父母來說，孩子就是自己的私人物品，自己可以隨意控制和懲罰，外人沒有制止的權利，一旦對方勸阻，他就會喝斥對方多管閒事：「這是我自己的孩子，我愛怎樣就怎樣，你管不著！」

　　還有的父母之所以會採取專制的教育方式，是受到傳統教育觀念的影響，認為孩子「不打不成器」、「棍棒底下出孝子」。

被親職化剝奪的童年

前幾年有一段影片在網路上瘋傳,影片中的主角是一名不到十歲的男孩,他在自家的攤販上拿著菜刀,熟練地處理著肉品。他的技巧十分嫻熟,速度也很快,關鍵是他的眼神倔強而犀利。廣大網友一下子就被他吸引住了。

這位小弟弟姓陳,陳家有四、五個孩子,陳小弟是家裡的老大,他跟隨父母來到都市後不久就輟學了,開始在家裡開的攤販裡幫忙,起初他只是幫父母賣商品,後來跟著父母慢慢學會了處理肉品,在長時間的訓練中,陳小弟的手腳越來越快,技巧越來越嫻熟。陳小弟成為網紅後,找他買肉的人越來越多,他家攤販的生意開始變得熱鬧起來。

走紅後,電視臺開始邀請陳小弟和他的父親上節目。有些民眾開始質疑,陳小弟小小年紀為什麼不去上學。在好心人的資助下,最後陳小弟回到了學校。因為跟不上學校教學的節奏,陳小弟再次離開學校,對此他的父親解釋說:「他有時候三天兩頭去學校,有時候早上去了下午就回來了。讀書有什麼用?還是得工作賺錢。孩子自己也不想讀,說實話他根本讀不進去。」

由於長期待在家中的店裡,陳小弟的生活圈子比較狹

第二章　隱形的情感能力—父母影響與情感模式

窄，幾乎沒有什麼朋友，他的性格也變得暴躁而孤僻。一天，陳小弟在工作的時候和顧客發生了爭執，他的父母馬上出現解決了這場爭執。但在爭吵後，陳小弟覺得父母沒有站在自己這一邊，就與父母爭吵起來，衝動之下陳小弟喝下藥物自殺，幸好治療及時挽回了生命。對此陳小弟的母親愧疚不已：「我們整天忙著做生意，根本沒想過他也是個孩子，需要關愛，這次的爭吵也許只是一個導火線。」

很多人像陳小弟一樣在成長的過程中，並沒有得到父母應有的照顧，而是反過來被要求去照顧自己的父母。父母與孩子的角色顛倒了，好像孩子變成了父母的「父母」，變成了父母化的「孩子」。表面上看，這樣的孩子很懂事，懂得為父母分擔生活的重任，實際上孩子變成了一個只會關心、在意父母感受的人，而忽略了自己的感受。這種被父母剝奪童年的現象被稱為「親職化」親子關係。

處在親職化親子關係中的人，每當回憶起自己的童年時，想到的通常是責任，例如很小就承擔起家務，照顧弟弟妹妹；為了緩解家裡的經濟壓力主動輟學打工，賺錢補貼家用；十分懂得照顧父母的情緒，充當父母衝突的調解員等等。一個人正常的童年生活應該是純真、無憂無慮的，而不是過早地接觸到成人世界裡的責任，被迫成為一個「小大人」。也就是說，童年是每個人都需要被照顧的年紀，而非被迫承擔起父母的責任，這樣非正常的童年，會對孩子的健康成長產

生很大的阻礙。

親職化通常有兩種類型：情感型和工具型。

在情感型的親職化關係中，孩子會成為滿足父母或兄弟姐妹情感需求的人，例如常見的父親角色缺失的家庭中，母親的情感需求無法得到滿足，轉而向兒子尋求情感慰藉，以彌補自己缺失的情感。這樣一來兒子就成了母親情感上的「代理丈夫」，他不得不壓抑自己的需求。這種類型的親職化關係會對孩子的情感連結能力帶來巨大的破壞，從而導致孩子無法正常發展出健康的情感連結，因為孩子根本不需要，也做不到去滿足父母情感和心理上的需求，這會為孩子帶來極大的挫敗感和心理壓力，相當於情感和心理上的虐待。

另一種類型的親職化關係被稱為工具型，具體是指孩子代替父母的角色滿足家庭的物質及工具性需求，例如承擔起所有家務、照顧弟弟妹妹，好像是家裡的另一個成年照料者。陳小弟早早輟學，在自家的店裡幫忙，他就相當於一個免費的「童工」，被迫成了家裡另一個賺錢的人。工具型的親職化關係十分常見，例如我們常常聽到的「窮人的孩子早當家」，一些家庭由於經濟環境的限制，迫使孩子早早地擔起家庭重任，就屬於這種情況。

小王從小就在一個親職化的家庭中長大，他的父親總是逃避他身為丈夫、父親的責任，每當家裡出現問題時，他就會選擇逃避，讓小王出面解決。對此父親從不愧疚，甚至覺

第二章 隱形的情感能力—父母影響與情感模式

得這是小王應該做的,誰叫小王是家裡最大的孩子呢。小王只能扮演起父親的角色,承擔起父親的責任。

在小王的記憶裡,他從 11 歲左右就開始照顧母親和兩個弟弟,每天除了上學外,還要做家務。最讓小王難以忍受的是母親的控制,這對他帶來了巨大的精神壓力。小王的母親是個控制欲極強的人,對孩子只有一個要求,那就是服從,只要她覺得孩子做的和自己想的不一樣,她就會毒打孩子,之後要求孩子下跪認錯。小王即使覺得委屈極了,也得拚命當作什麼事都沒發生過一樣。

晚上,每當母親說她的腿不舒服時,小王就得用按摩油替她按摩,長達 2 個小時。之後小王還要哄 3 歲多的弟弟睡覺。有時候,小王實在受不了了,他也只能邊哭邊哄弟弟睡覺。第二天,小王還要裝作若無其事的樣子做早飯。小王還要充當母親的知心人,母親總是對小王說,她是多麼想得到他父親的保護和他奶奶的尊重,她又是多麼委曲求全,小王只能耐心安慰她。

但小王做出的犧牲和承受的委屈從沒有得到過母親的認同和表揚,在她看來,小王身為大哥就應該幫父母承擔起家裡的責任,她將這些本該屬於自己和丈夫的責任都交給小王,並且認為理所應當。有時候,對於母親的要求,父親也會幫忙做一些事情,但他堅持不了幾天就會放棄,因為他覺得很累,可他從未想過自己的兒子只有十幾歲,他每天的生

活都是如此，該有多麼的疲憊。

在家裡，小王從未與任何人發生過爭吵，相反地他還總是扮演勸架者的角色。一旦家裡發生了爭吵，小王一定是那個兩邊哄、兩邊勸的人，他被剝奪了表達自我真實感受、想法的權利。有時候小王也會怨恨命運的不公，恨自己為什麼會生活在這樣的家庭裡，他不止一次地想要逃離，甚至想到了死。不過年幼的小王都忍耐下來了，他覺得一旦自己放棄了這個家，家就散了，不管他有多麼不情願，他也會咬著牙硬撐下去。

結婚後，小王想極力擺脫這個家庭，但沒什麼用，每當家裡出現問題，父親都會叫小王回去解決，母親則只想控制家裡的所有人，想讓大家都聽她的話，可她又控制不住其他人，於是只能將所有怨氣都發洩到小王身上，絲毫不考慮小王的內心感受。有一次，家裡人決定一起去旅遊，於是就將做攻略的任務交給了小王，由於小王忽略了事先需要訂好飯店，被母親嘲諷，她覺得小王沒有規劃好旅遊。

後來小王想通了，既然他從未從原生家庭裡體會到被愛，那麼他就沒必要再把精力耗在父母身上。他明確向父母提出，如果他們還想和他這個兒子來往，想一家子其樂融融地在一起，就必須學會尊重他的感受和能力，否則他會考慮遠離他們。

處在親職化關係中的人通常很難覺察到自己深陷其中，因為他從小就在親職化的模式中，已經適應和習慣了親職化

第二章　隱形的情感能力—父母影響與情感模式

關係。在上述案例中，小王也是在成家後才意識到親職化關係對自己造成的負面影響，並鼓起勇氣主動提出讓父母尊重自己的感受和想法。在此之前，小王也曾因為痛苦和疲勞想要逃離家庭。

想要辨識自己是否處於親職化關係中，可以透過以下幾個方面來辨別：

1. 你的存在是否是父母的延伸，例如承載著父母的夢想；
2. 無法與父母溝通，你想要和父母交流自己的想法，但父母對你說的話題沒有任何興趣；
3. 覺得自己應該關心父母的需求和感受，常常會主動優先滿足父母的需求，卻很少得到父母的理解，父母也從不關心自己的感受；
4. 害怕犯錯或判斷失誤，因為這會為父母帶來麻煩；
5. 只要父母需要，會立刻放下手頭的事情去努力滿足父母的需求，甚至是犧牲自己的生活。

在一些功能失調的家庭中極易出現親職化關係，例如父母很年輕，心理發展還不成熟，無法承擔起養家的責任，或是父母有酗酒、憂鬱等身心疾病，無法好好地履行他們作為父母的責任，於是他們的子女只能承擔起照顧者的角色。此外，家庭經濟狀況不好、父母離婚或出現感情問題等類型的家庭中也很容易出現親職化關係，因為這些情況會導致父母關注的重心在自己或外在條件上，無法照顧孩子的需求，反

而需要從孩子那裡得到照顧。

親職化會對一個人的性格產生許多負面影響，通常會使一個人變得情緒敏感、容易憤怒，並且難以與他人建立情感連結。

由於長時間處在親職化的關係中，一個人常常會忽略自己的感受，密切觀察父母的情感需求，因此當他成年後，他的情緒會變得非常敏感，很容易捕捉到他人的負面情緒，因為他已經養成了時刻關注他人、思索對方的感受的習慣，他就是這樣與父母相處的。最關鍵的是，他會將這種情緒內化，使自己沉浸其中，例如當他覺察到對方很痛苦時，他就會覺得不舒服，甚至覺得非常痛苦。由於他需要透過滿足父母的需求獲得父母的關注和愛，所以他在與其他人相處的過程中，也需要透過滿足對方的需求來獲得對方的好感和認同。

每個被迫壓抑自己的人都會被一種莫名的憤怒所籠罩，所以親職化關係會使一個人變得非常暴躁、很容易憤怒。這來源於他的父母，他對父母的感受很複雜，一方面他覺得自己愛父母，否則不會努力討好父母；另一方面他又憎恨父母，覺得父母不應該將成年人的責任壓到自己肩上，忽視自己的需求。當然，有的人並不會意識到自己與父母的角色顛倒了，他只是覺得憤怒，並將怒火發洩到朋友、伴侶和孩子身上。童年經歷對他來說是一段充斥著失望、羞恥、自我批判

等痛苦感受的經歷,他無法向父母尋求慰藉,也無法將自己的感受、情緒對父母傾訴。

親職化關係中的子女由於從小很少依賴父母,因此在長大後也很難與他人建立起依戀連結,他會覺得自己不需要依賴他人。在人際交往中,他會很容易讓對方產生錯覺:「我是你的朋友,但感覺你並不需要我。」每個人都有依賴他人的需求,也有被人依賴的需求,人際交往的本質就是相互依賴,而一個不需要依賴他人或很少依賴他人的人是難以與他人建立起親密關係的。

溺愛是一種懶惰的愛

老袁和妻子年輕時吃過很多苦，在生下兒子阿輝後，他們決定讓阿輝度過快樂的一生，不讓阿輝吃一點苦，因此不管阿輝提出什麼要求，他們都會盡力滿足。於是他們培養出了一個小霸王，在家裡對父母頤指氣使。

吃飯時，阿輝會霸占著自己喜歡吃的菜，不讓父母吃，只有等他吃夠了或吃膩了，父母才能吃。阿輝還霸占著家裡的電視機，只要他想看卡通，父母就必須陪他一起看，哪怕他去趟洗手間也不允許父母轉臺。外出時，只要阿輝覺得累了，不想走路了，就要讓爸爸背著自己。隨著年齡的增長，阿輝變得越來越重，老袁背著他感覺很吃力，於是想要勸說阿輝自己走路，這時妻子就會站出來為阿輝說話：「你就背一下吧。」只要阿輝想買的東西，父母必須幫他買回來，不能有一絲的質疑。阿輝很喜歡蠟筆小新，家裡到處堆著蠟筆小新的公仔，同一個造型的公仔就有30多個，有時老袁會忍不住問他：「這個造型的公仔你不是都有了嗎？還買相同的幹什麼？」阿輝就會氣鼓鼓地對爸爸說：「你管我呢，我就是想要！」

上幼兒園後，阿輝成了總會欺負其他孩子的小霸王，他在家裡橫行霸道慣了，到了幼兒園裡總愛指揮別的孩子，命

第二章　隱形的情感能力—父母影響與情感模式

令別的孩子和他一起玩,只要對方不同意,阿輝就會立刻生氣,上前打罵對方。老師也曾向老袁夫婦反映過這個問題,並提醒他們要注意對兒子的教育方式,但他們覺得這不是問題,也沒有在意。

轉眼間,阿輝成了一名小學生。在學校裡,阿輝還總是差遣別的同學,例如讓別的同學幫他買東西、打掃環境,甚至逼迫別人幫他寫作業,這樣一來,阿輝的成績變得很糟糕,在班上吊車尾,老師對他感到頭痛,同學們也不願意和他交朋友。阿輝為了引起大家的關注,開始惹麻煩,例如上課時騷擾其他同學、替同學和老師取外號、故意找老師麻煩等。這讓同學們更加討厭他了。

阿輝一直以來都習慣命令別人替自己解決問題,他希望大家能像父母一樣,將他視為生活的中心。

每個人的嬰兒時期都是自戀的,覺得整個世界都在圍繞著自己轉。隨著年齡的增長,差不多從2歲開始,我們開始探索外界,並進行自我探索。在這個探索的過程中,我們會發現這種想法是錯誤的,我們會在逐漸了解外界的過程中,知道自己在整個人際交往中處於什麼地位。

但在我們最初探索外界時,這個外界的範圍僅僅指我們的家,我們所接觸到的人際網路很簡單,只有父母和親人。2歲以前,父母以孩子為中心,怎麼愛孩子,哪怕是溺愛,可能也不會造成什麼嚴重的後果。但到了2歲之後,父母就應

該意識到自己需要改變教育方式了,不能一味溺愛孩子,滿足孩子的所有要求。否則孩子就會一直自戀下去,當他遭遇真正的挫折時就會給他帶來毀滅性的打擊。

在每一個人成長的過程中,挫折都是必不可少的經驗,挫折教育可以讓我們意識到自己並不是世界的中心,他人和自己一樣都是重要的人,我們應該學會尊重他人,從而得到對方的尊重。在溺愛環境下長大的孩子,通常都缺少挫折教育。

有些受溺愛的孩子比較幸運,在離開父母走向家庭以外的世界時,會經歷一些小的挫折、坎坷,從而擺脫以自我為中心的自戀心理模式,知道自己的定位,並主動去適應環境,而不是頤指氣使地讓環境來適應自己。如果一個人從未經歷過挫折教育,一直順風順水,並且父母採取了溺愛的教育方式,那麼他的自我就會無限膨脹,在步入社會後會遭受很嚴重的打擊。這個打擊會對他帶來毀滅性的影響,因為他自戀的心理模式已經固化,難以改變,這個打擊相當於摧毀了他有生以來所建立的心理模式。

在美國心理學家史考特・派克(Scott Peck)的觀點來看,溺愛孩子和愛寵物差不多,都是父性或母性的本能。溺愛看起來是一種自我犧牲的愛,只想讓孩子快樂,也可以使父母與孩子的關係更親密。但事實上,溺愛並不是真正的愛,是懶惰的愛,父母根本不想費心思對孩子進行教育,所以選擇

第二章 隱形的情感能力—父母影響與情感模式

一味地縱容孩子。總之，溺愛對孩子的心理成長毫無作用。

父母如果想要培養出一個健康且心智成熟的孩子，溺愛是絕對要不得的。愛不僅是給予，還要根據實際情況恰當地給予。父母既要讚美孩子，也要為孩子建立一些限制和規矩，要學會拒絕孩子，對孩子說「不」。

強迫孩子去做一些他根本不願意做的事情，是一件很累的事情，還要面臨著被孩子討厭的風險。在上述案例中，只要阿輝覺得走路累了，就要爸爸背他，後來爸爸覺得背不動他了，想讓他自己走，這時媽媽卻站出來勸爸爸接著背阿輝，爸爸選擇了妥協，沒有對阿輝說「不」。表面上看起來，老袁和妻子是在犧牲自己滿足阿輝，讓阿輝過得更快樂，事實上他們是在滿足自己的心理需求，他們不想被孩子討厭。因為被自己辛辛苦苦撫養長大的孩子討厭是一件非常痛苦的事情，每個父母都不想被自己的孩子討厭，所以他們選擇了不斷滿足孩子的要求，以此換取自己心理上的舒適。

教孩子學會進行自我約束是一件很困難的事情，例如做家事，每個孩子都不喜歡做家事，吃完飯就想去玩耍。當他的父母要求他去做家事的時候，他會不情願，甚至是發火。和一個憤怒的孩子交談、相處很費力、費事，很多父母覺得這還不如自己做家事輕鬆，於是放棄了教育孩子的機會。溺愛式的父母很享受溺愛孩子的過程，因為他們不會和孩子發生衝突，心裡不會難受，孩子還很依賴自己。不管溺愛式的

溺愛是一種懶惰的愛

父母表現得多麼富有犧牲精神，他們的溺愛都是最懶惰的教育方式，因為他們放棄了思考，讓年幼的孩子來指揮，這對孩子的成長是極其不負責的。

在父母溺愛下長大的孩子往往會出現一些性格缺陷：無法獨立、自卑、任性。

溺愛會使一個人對親密關係產生嚴重依賴，從而導致他無法獨立，必須時時刻刻與他人在一起，似乎只有得到對方的關注，才能證明自己的價值，通常他會將對父母的依賴轉移到配偶或孩子身上。對於他的配偶和孩子而言，和一個以自我為中心的人相處是很痛苦的，因為他總是要求他人關注自己，卻對他人的感受和需求視而不見。

在溺愛中長大的孩子，無論偽裝得多麼強大，還是會有很嚴重的自卑心理，因為他無法接受世界不以自己為中心這個事實。不過他通常不會接受自己的自卑，他自大的心理模式不允許自己接受這種自卑。

以自我為中心的人常常表現得自私自利，對他人缺乏同情心，只在乎自己的需求是否立刻得到了滿足。他根本沒有學會延遲滿足，也就是說，一個人想要滿足自己的需求，就必須付出一些時間和精力，需要靠自己的努力去實現願望，甚至做出一些犧牲。但他已經養成了需求立刻得到滿足，且不用付出努力的習慣。

第二章　隱形的情感能力—父母影響與情感模式

永遠無法被取悅的完美型父母

　　小梅曾到海外留學，回國後在一家外商公司擔任人資主管一職。小梅曾有過兩段婚姻，第一任丈夫是一位外籍人士，對人十分體貼，但小梅總嫌棄他不夠完美，覺得他中文說得不流利，賺錢也沒她多，還缺乏陽剛之氣。她覺得自己的丈夫應該不止體貼，還要英俊、會賺錢。後來，第一任丈夫實在無法忍受小梅的挑剔和過高的期望，最終離她而去。

　　離婚後，小梅和一個網球教練相識，他符合小梅對丈夫所有的期望，網球教練不僅高大英俊，還很會賺錢，小梅很快就和這個網球教練結婚了。剛開始，小梅覺得自己終於找到了可以陪伴自己一生的人，可不久後她就發現這個男人不夠體貼。他每天都很忙，要工作到很晚才回家，陪伴小梅的時間非常有限。沒過多久，小梅就開始和丈夫吵架，而她期望丈夫變得更完美的想法再次嚇跑了這個男人。

　　之後，小梅獨自一人帶著兩個女兒生活。她總覺得兩個女兒不夠完美，不停地對她們施加壓力，希望她們變得更加出類拔萃。在外貌上，小梅總嫌棄女兒們長得不夠漂亮，她讓大女兒戴上牙套矯正牙齒。當小梅注意到小女兒的臉上長出了雀斑時，就帶著小女兒去諮詢有關美容的事情。美容師

告訴小梅，小孩子在生長發育的過程中很容易長雀斑，這是正常的現象，不用著急做美容，美容師建議小梅不要對女兒的外貌有過於嚴苛的要求。小梅不相信，她自己從來沒有長過雀斑，所以她也不允許自己的女兒長雀斑。每當提起兩個女兒時，小梅就會唉聲嘆氣，她總覺得她們做得不夠好，要不就覺得大女兒考鋼琴檢定沒過，要不就嫌棄小女兒不夠聰明。

小梅對自己的要求也很嚴格，各方面都要追求完美，例如外貌。小梅對自己的外貌很不滿意，覺得自己臉上的各個部位都有毛病，為此小梅做過幾次臉部整容手術，她希望自己變得更完美。

在小梅的影響下，兩個女兒的性格變得很古怪。大女兒與小梅的關係非常緊張，總是容易發火，經常和小梅發生衝突，每次她都希望媽媽能聽從自己的要求，否則她就會變得很憤怒，不過小梅幾乎沒有妥協過，任由大女兒發脾氣。小女兒變得很內向，不愛和人說話，對自己的外貌非常在意。有一次小女兒覺得自己的髮型很難看，於是躲在沙發後面自己用剪刀將頭髮剪掉了。當她臉上長出雀斑後，她變得更加內向，每當和人說話時，她都會用手將自己的臉搗起來，不想讓對方看到她的雀斑。

小梅也發現了兩個女兒的行為很古怪，例如她們做事經常拖拖拉拉的，效率極低。當小梅問她們為什麼時，她們回

第二章 隱形的情感能力—父母影響與情感模式

答說只是為了做得更完美一些,這樣媽媽才會滿意。小梅開始擔心女兒們的心理狀況,她悄悄去諮詢了心理諮商師,對方告訴小梅,女兒在她的影響下已經有了強迫症的傾向。

追求完美的人都有強迫症的傾向,當一個完美型性格的人成為父母後,他會將追求完美的期望放在孩子身上。完美型的人通常要求比較高,因此他的期望值也會很高,當他自己、伴侶、孩子達不到自己的期望時,他就會變得很失望,甚至會一蹶不振,需要很長一段時間才能恢復。他總是在追求完美,害怕出錯,所以他會變得小心翼翼,唯恐出錯。他還會要求其他人像自己一樣追求完美,一旦遭到拒絕,就會覺得自己受到了傷害。

一個完美型性格的母親,通常會顯得很拘謹、刻板,為了追求完美,經常替自己、伴侶和孩子制定一些過高的目標,甚至是不切實際的計畫,當自己的伴侶或孩子無法達到自己所期望的那樣時,她就會灰心喪氣,認為自己的伴侶或孩子是一個沒用的人。這會導致夫妻關係不和諧,和孩子的關係也很緊張。例如上述案例中的小梅總以完美的標準去要求兩任丈夫,兩任丈夫不堪壓力,最後都遠離了她,但她的兩個女兒無法做到遠離母親,而且小梅又希望孩子和自己想像的一樣完美,最後將孩子逼得出現了強迫症的傾向。

一個完美型性格的父親,通常很嚴肅、性格固執、愛計較、難以相處。追求完美的他,做事時通常非常機械、效率

低。當有了孩子後,他會對孩子抱有很高的期望,總覺得孩子不夠努力、不夠優秀,對孩子只會提要求,很少表現出關愛。

完美型性格的父母與孩子之間的關係通常很糟糕,因為他們期望孩子變得完美,這會對孩子帶來巨大的壓力,孩子為了逃避壓力會主動遠離父母。

電視劇《如懿傳》中的富察皇后就是一個完美型性格的人,她要求自己做到盡善盡美,對孩子永璉的要求也很嚴格。和所有完美型性格的人一樣,富察皇后挑剔、焦慮,經常向兒子永璉施壓,強迫他將所有事情做到完美。永璉除了要承受巨大的心理壓力外,還經常因沒有完成額娘為他制定的計畫而被挫敗感、自卑感所困擾。

從永璉開始上學後,富察皇后就開始向他施加各種壓力:「你是嫡子,你一定要用功讀書,一定要讓皇阿瑪多看你一眼。」在各種高壓下,永璉的身體開始出現問題,他經常生病,哮喘發作頻繁。現代醫學證明,哮喘屬於心身疾病,心理狀態不佳、壓力大會刺激哮喘的發作。由此可見,永璉承受的壓力有多大。

即使是生病,他也躲不開皇額孃的高壓,只要病情稍有好轉,皇額娘就會督促他研習功課。每天晚上,永璉都要強忍睏意看書,一旦他睡著了,就會被富察皇后命令著到雪地裡罰站,想以此讓他的腦子清醒一點。

第二章　隱形的情感能力—父母影響與情感模式

在完美型父母的影響下長大的孩子，會出現以下性格特點：不自信、敏感、自暴自棄、無法接受批評、自我價值感低、經常貶低自己。例如寫作業這件事情，一般情況下孩子不會牴觸寫作業，這是他的功課。但如果他的父母是完美型的性格，那麼父母通常會在孩子寫作業時提很多要求，例如字跡要工整、題目要全做對，一旦孩子達不到要求，父母就會要求孩子重新寫，甚至會責罰孩子。這樣會嚴重打擊孩子寫作業的信心，孩子起初會反抗，如果反抗無效的話，他就會選擇逃避。另外，完美型父母還會替孩子增加作業量，理由是老師留的作業不夠多，加作業是為了讓孩子取得更好的成績。

此外，完美型性格的父母還很容易忽視孩子的情感需求，因為他們的主要精力放在了向孩子提要求、施壓上，只顧著讓孩子達到他想像中完美的樣子，從而忽略了孩子的感受和情感需求。一個被父母忽視情感需求的孩子在長大後會成為一個在情感上很難與他人產生共鳴的人，因為他的情感能力是缺乏的，他不懂得愛自己，也不會愛別人。

通常來說，完美型父母所教育出來的孩子也會具有完美型的性格特徵，起初他只是被父母的高期望所折磨，到後來他會用高期望來折磨自己，對自己要求非常苛刻，對同學或朋友也會產生過高的期望值，希望他們和自己想像中的一樣完美，一旦發現了他們有不完美的地方，就會感到十分失望傷心，甚至會發脾氣。

完美型性格對一個人的成長特別不利，隨著年齡的增長，這種不利的影響會越來越大，例如降低他的生活品質、幸福指數等，甚至會導致他產生許多心理問題。例如小梅，她學歷高、工作好，老公也很體貼，她本該擁有一個幸福的人生，但完美型性格毀掉了她的幸福，她從不感到滿足，對生活和周圍的人充滿了挑剔，從而導致兩任丈夫都離開了她，女兒們與她的關係也變得很緊張。

第二章 隱形的情感能力─父母影響與情感模式

憂鬱的黑洞會吞噬一切

5歲的小強是一個性格乖順、人見人愛的男孩,在幼兒園裡深受老師、小朋友的喜愛。但最近一段時間,老師發現小強像變了一個人似的,他的脾氣變得越來越暴躁,經常煩躁、哭鬧,一點小事不順心就開始摔東西。以前小強很活潑,很喜歡和別的小朋友一起玩耍,但現在小強沒有了以前的那種活潑,還總一個人待在角落裡,低著頭、不吭聲,就算老師喊他,他也不理會。

小強的媽媽也注意到了兒子的異常。以前小強很喜歡去幼兒園,那裡有小朋友陪他玩耍,現在她得哄著兒子去幼兒園。小強媽媽還發現,兒子的食慾也遠不如從前,整天悶悶不樂,以前最愛看的卡通片也不能讓他開心了。

問題出在小強的父親老王身上。老王今年35歲,每天都忙於工作,很少和妻子、孩子溝通感情。之前由於工作上的壓力,老王開始變得悶悶不樂起來,回家時要嘛唉聲嘆氣,說家裡這不好那也不好,要嘛獨自一人坐在沙發上發呆,皺著眉頭、眼神空洞,好像妻子、兒子和他是毫不相干的人。面對丈夫的消極情緒,小強的媽媽也很生氣,她覺得自己在家照顧孩子、做家事忙了一整天,本來就很累,希望丈夫下

班回家後能高興一點,但老王總是板著臉,還經常挑毛病,她自然也有怨氣,於是經常和丈夫吵架。夫妻感情的不和諧,導致老王的憂鬱情緒更加嚴重。

後來,每當老王和妻子吵架後,他就離家出走,過了好幾天才回家。有時候,老王會在吵架後主動向妻子道歉,他說自己工作壓力很大,心裡很煩躁,看什麼都不順眼,所以總忍不住埋怨發火,不是有意的。但老王總是無法擺脫憂鬱情緒,過幾天後又會舊戲重演,夫妻兩人經常因為一點小事吵得不可開交。不久之後,小強的性格開始出現變化,他不再活潑、乖順,食慾開始下降,變得愛哭鬧,拒絕去幼兒園,這小強的媽媽為此感到十分困擾。

憂鬱是一種非常折磨人的情緒狀態,不僅會使當事人喪失對生活的熱情,陷入無法擺脫的煩悶之中,還會為周圍人帶來負面的影響。試想,誰願意和一個總是悶悶不樂的人待在一起呢?一個人開始變得憂鬱時,他的熱情就消失了,他的心理能量好像被這壓抑的情緒給抽乾了,從而導致他無力關心外在世界,反而將所有的注意力都集中在自己身上,因為他缺乏應對周遭世界的精力,無法付出更多,哪怕是對自己的孩子。

憂鬱者幾乎不會參與家庭生活,家人對他而言就是可有可無的存在,甚至說是壓力的來源。如果家人強迫憂鬱者參與家庭生活,那麼憂鬱者就會像上述案例中的老王一樣,變

第二章 隱形的情感能力—父母影響與情感模式

得易怒、挑剔、悶悶不樂。這常常會惹惱家人，從而導致雙方產生衝突。如果父母陷入憂鬱情緒中，孩子則會經常感受不到父母的存在，不論他表現得如何優秀，都無法得到父母的關注，於是他可能會選擇故意發脾氣、闖禍，以得到父母的關注。

如果父母長期處於憂鬱的狀態中，那他們的孩子就會有很高的失控風險。因為父母本身對自己的情緒和行為沒有足夠的控制力，很少會向孩子提供安慰或鼓勵，所以他們的孩子往往不懂得如何自我撫慰，很容易被一些困難壓垮，到了青春期就非常容易做出各種叛逆行為。

憂鬱型性格的人會長年壓抑自己的情緒，很少體會到快樂的感受。生活對他來說充滿了壓力，他對未來的生活也充滿了憂慮。我們很少在憂鬱型性格的人臉上看到笑容，每當他準備表露自己的情緒時，就意味著他的情緒要失控了，他無法壓抑自己的情緒了。

憂鬱型的父母會以冷漠或煩躁的態度對待孩子，這樣的家庭環境缺乏溫暖，會使孩子想要逃避，不願回家。

曼徹斯特大學的心理學教授愛德華・特羅尼克（Edward Tronick）設計過一個「面無表情實驗」。實驗中，被試母親按照特羅尼克的要求和孩子互動，孩子顯得很開心。然後，母親按照特羅尼克的要求一直保持面無表情，不論孩子怎麼

做，母親都像沒看見似的毫無表情，顯得很冷漠。

剛開始，孩子敏銳地覺察到了母親的不對勁，他開始用微笑等友好性的動作與母親互動，希望引起母親的注意，並得到母親的正面回應，但母親依舊是面無表情。之後，受挫的孩子會繼續嘗試著與母親互動，但母親依舊面無表情，最終孩子忍不住崩潰大哭起來。

憂鬱型的父母就像「面無表情實驗」中的母親一樣，幾乎不與孩子進行正面的互動，顯得很冷漠。在實驗中，即使是母親一下子的冷漠都會使孩子崩潰大哭，更別提現實生活中和憂鬱型父母長久生活在一起的孩子了，他們的日子該有多痛苦！

當父親擁有憂鬱型性格時，他會將自己封閉起來，盡可能不與他人產生交流，還很容易生悶氣。生活中的一切都會讓他覺得沮喪，周圍的人也總是讓他感到失望，每當出現偶然性的失控事件時，他都會情緒失控，並將所有的錯誤都推卸給他人。例如上述案例中的老王，他很容易對妻子、兒子感到不滿，經常對家人挑毛病。在面對孩子時，憂鬱型父親的態度通常很粗暴，容易動手打孩子，可他很快就會後悔並道歉，但並不會改正，在情緒暴發時又會粗暴地對待孩子，循環往復。

當母親擁有憂鬱型性格時，她會表現得非常悲觀，經常

哭泣，對一切事物都失去了興趣，認為自己的人生已經完全失去了希望。在對待孩子的態度上，憂鬱型母親容易做出極端行為，要不是表現得很冷漠，什麼也不管；要不就會嚴格要求孩子，並且不允許孩子犯錯，否則她就會特別生氣。

劉女士是個單親媽媽，在女兒慧慧 2 歲時，她就和丈夫離婚了。劉女士的性格本就內向，由於一直無法走出離婚的陰影，她變得越來越內向，不愛與人交流。她一個人帶著女兒生活，又要工作又要持家，心理壓力非常大，因此她的性格也變得越來越憂鬱。

在女兒的教育上，劉女士的期望值特別高，她想讓女兒練好鋼琴，於是就花重金為慧慧請了一個鋼琴教師，還要求女兒每天練琴 6 個小時以上。每當慧慧反抗，或者拒絕聽媽媽的話時，劉女士就會對女兒的未來更加悲觀，並用一些難聽的話嘲諷女兒，打擊她的自尊心。

被媽媽傷了自尊的慧慧，不再理會媽媽，她不主動和媽媽說話，媽媽也不會和她溝通，母女二人明明在一起生活，有時一個月都說不上一句話，好像是兩個完全不認識的陌生人。劉女士不僅沒有反省自己的教育方式，反而對女兒更加失望，於是她開始採用更加冷漠的方式對待女兒，每天下班都在外面吃了晚飯才回家，慧慧只能自己做一日三餐。媽媽這種不管不問的態度讓慧慧非常傷心和失望，她與媽媽之間的隔閡越來越深，兩人經常因為一些瑣事爭吵。

於是，劉女士和女兒慧慧每天都生活在消極情緒中，她們變得更加內向。不與他人溝通，消極情緒沒有合理的途徑宣洩出去，只能累積下來轉為向內攻擊，她們開始譴責自己、懷疑自己，變得越來越憂鬱。劉女士出現了失眠、精神恍惚的症狀。慧慧則變得越來越悲觀，經常忍不住哭泣、情緒低落，對什麼都提不起興趣，成績也越來越差。

後來慧慧因情緒憂鬱，試圖割腕自殺，幸好劉女士及時發現並將她送進醫院，慧慧的生命才被搶救回來。之後，慧慧又陸續出現了幾次自殺行為，如吞服安眠藥、將窗簾點燃等，不過都被劉女士及時救了下來。自從發現女兒的自殺行為後，劉女士就一直關注著女兒，唯恐她再次自殺，同時她也開始反省自己的教育方式，並帶著女兒找到專業的身心科進行諮詢。諮商師告訴劉女士，她和慧慧都表現出了憂鬱症的症狀，只是劉女士的症狀比較輕微，慧慧則比較嚴重。

憂鬱就好像黑洞，具有強大的吞噬力。它不僅會吞噬掉憂鬱者的能量，使憂鬱者喪失對生活的熱情，還會吞噬他周圍的人，使周圍的人也變得憂鬱。調查研究顯示，憂鬱型的父母很容易養出憂鬱型的孩子。

林恩‧莫里教授對 100 名母親進行了 16 年的追蹤調查，其中有 58 名母親出現了產後憂鬱的症狀。當這 100 名母親的孩子成長到 18 個月、5 歲、8 歲、13 歲和 16 歲時，莫里會對這些母親與其孩子的精神狀況進行測驗，以觀察母親的

憂鬱情緒是否會影響孩子。透過調查研究，莫里發現如果母親患有憂鬱症，那麼孩子將來患有憂鬱症的機率將會大大增加。

　　如果憂鬱型的父母知道自己有憂鬱的傾向，並主動讓自己變得更積極、陽光，或者找專業的身心科進行諮詢、治療，那麼他的憂鬱情緒還是可控的，對孩子的影響還不算大。最危險的是那些隱性憂鬱的父母，他們不知道自己為什麼不快樂，也不尋求做出改變，只會放任自己的憂鬱情緒影響身邊的人，更容易讓孩子變得和自己一樣憂鬱。

第三章　醋桶裡，泡不出甜黃瓜
——情境的影響

第三章　醋桶裡，泡不出甜黃瓜—情境的影響

被浪潮席捲的個性

2008 年，德國上映了一部法西斯主義在一個現代校園裡死灰復燃的電影——《惡魔教室》(*Die Welle*)。在電影中，德國某所高中的老師凡格爾在為學生講獨裁統治的課程時，為了讓一群散漫的學生更容易理解獨裁統治，就提出要進行一個實驗。在接下來的一週內，凡格爾扮演一名獨裁者的角色，學生則必須服從他的命令。

最初凡格爾為了展現紀律，讓學生們在課堂上一起踏步以便統一步伐，之後凡格爾開始統一服飾、標誌、手勢。他要求班上所有的學生都穿上白襯衫，白襯衫就是他們的制服；他還提出了鏗鏘有力的口號，制定了嚴格的紀律，要求所有人絕對服從。他從未提出任何過分的命令，學生們卻莫名陷入一種自豪感中，很快他們就凝聚成一個新團體，每天精神抖擻地穿著白襯衫上學，還相互監督，並將這個團體命名為「浪潮」，他們還為這個團體設計了一個代表性的動作：手臂從右往左，劃出一個波浪狀的曲線。除此之外，他們自發地進行消滅個體的行動，凡是不參與他們團體活動的人，都被視為異類排除在團體之外。儘管一些學生並不認可這個團體，也會迫於集體的壓力參與班級活動。

被浪潮席捲的個性

　　為了擴大團體，班上的學生開始用發傳單、印貼紙的宣傳方式拉攏新的成員，他們完全沒有意識到自己的行為越來越激進。僅僅 5 天的時間，這個團體就由最初的 20 人發展成了 200 人。

　　班上一個名叫卡羅的女孩最先意識到了不對勁，她覺得同學們的行為太激進了，就想透過印發傳單的方式來抵制「浪潮」運動。一天晚上，卡羅在學校的影印室裡打字的時候，突然斷電了，影印室一下子陷入了漆黑之中。這時卡羅聽到了異樣的聲響，她害怕遭到「浪潮」團體成員的為難，只能立刻逃走。

　　卡羅的男朋友馬可在「浪潮」運動中漸漸迷失了自我，他和卡羅的關係變得越來越疏遠。兩人在爭論的時候，馬可忍不住打了女朋友一個耳光，這讓卡羅十分震驚和傷心，兩人之前的關係非常親密，結果馬可卻因為一場教學實驗對自己動手。後來，馬可和團體中的一名女孩走得越來越近，兩人還差一點發生了性關係。幸好馬可及時醒悟，感覺到了「浪潮」運動的恐怖，於是他特地找到凡格爾老師，請求趕緊終止這一切：「這所謂的紀律性不過是法西斯主義的那一套。」

　　凡格爾也意識到了這場實驗的可怕，而且他感覺實驗已經超出了自己的可控範圍，他害怕自己也會迷失其中，於是就決定終止實驗。他發簡訊給每個「浪潮」成員，通知他們自己要進行一場演講。透過演講，凡格爾將大部分學生都拉回

第三章　醋桶裡，泡不出甜黃瓜—情境的影響

了現實，但有一位學生蒂姆卻拒絕接受現實。

蒂姆是陷入這場「浪潮」運動中最深的人。蒂姆來自一個富裕的家庭，但從小不受父親喜愛。在學校裡，蒂姆也是一個不受歡迎的人，還被同學取了一個「軟腳蝦」的外號，為了討好和融入同學們，蒂姆極力滿足一些同學的要求，哪怕是非法要求，但他們依舊看不起蒂姆。自從參加「浪潮」運動以來，蒂姆在班裡的地位迅速改變，他在老師的課堂上積極回答問題，得到了老師的稱讚，這給了他很大的自信。而且身為「浪潮」團體的一員，蒂姆還得到了團體的庇護，讓他免遭不良青年的欺負。自從「浪潮」運動開始後，蒂姆就燒掉了自己所有的衣服，唯獨留下了白襯衫，他還特意爬上很高的建築，將「浪潮」的標誌貼在上面。

蒂姆十分崇拜凡格爾老師，就自告奮勇要做老師的保鏢，凡格爾答應了他。當凡格爾告訴大家「浪潮」運動結束的時候，蒂姆無法接受這個結果，失控之下他開槍殺死了一個同學，然後舉槍自殺。

電影《惡魔教室》取材於一個真實事件，該事件發生在1967年，在美國加州帕羅奧圖市的一所高中內。只是真實事件並未像電影中那樣造成重大的負面影響，策劃實驗的人是一名歷史老師，名叫羅恩・瓊斯（Ron Jones），他在講到德國「二戰」時期那段歷史的時候，學生們提出了很多問題，例如為什麼德國民眾會聲稱他們對屠殺猶太人的事情毫不知情？

為什麼鎮上的人們都說他們根本不知道集中營、大屠殺這些事情？為什麼那些被屠殺的猶太人的德國鄰居或好朋友都說他們根本不知道猶太好友或鄰居被捕了？這些問題難倒了羅恩，他花了一個星期的時間好好研究了學生所提出的問題，並決定進行一場實驗來回答他們的問題。

第一天，羅恩決定讓所有的學生嚴格遵守紀律，並告訴學生人類的偉大之處就在於遵守紀律，自律意味著自我控制和高度的意志力，是人們戰勝困難的支撐。為了讓學生體會到遵守紀律的重要性，羅恩要求所有學生練習一種新的坐姿：雙腳平放在地面上，雙手放在背後，腰背挺直。羅恩告訴學生，這是一種有利於提神的姿勢，他還要求大家要嚴格按照新坐姿的標準去做。此外，羅恩還要求所有學生在進入教室時不能發出任何聲響，他還對學生一一進行了訓練。

很快，學生們輕易接受了羅恩的這兩項規定，羅恩在驚訝的同時，決定繼續宣布新的紀律。他要求所有的學生在上課時必須隨身攜帶筆記本以做記錄；在提問題或回答問題之前，必須說一句「瓊斯閣下」；回答問題時要做到簡明扼要，最好在3個字以內。學生們沒有質疑這些要求，嚴格遵守了新紀律。

第二天，當羅恩走進教室的時候，立刻發現了自己前一天訓練的成效，所有的學生都很安靜，而且按照他所規定的坐姿坐在自己的位置上。按照計畫，今天羅恩決定對學生們

第三章　醋桶裡，泡不出甜黃瓜─情境的影響

進行團結訓練，他要讓學生們凝聚一心。

首先羅恩開始講述團結的意義，並附加了一個故事來說明，最後羅恩在黑板上寫下了兩句口號。在快要下課時，羅恩感覺到了班級氛圍的變化，學生們似乎有了很強烈的集體歸屬感。最後羅恩告訴大家，他們的這次行動被稱為「第三浪潮」，他還創造了一個敬禮的手勢，右手做波浪狀，並規定所有成員只要見面都要相互做出這個手勢以示行禮。學生們照做了，他們走出教室後在見面時都會相互做出波浪手勢。很快，其他班的學生都注意到了這個奇怪的敬禮動作，甚至在整個小鎮都引起了關注，許多學生開始詢問自己是否可以加入這個班。

第三天，羅恩帶來了一些卡片，他告訴學生們這是會員卡，想要繼續留下來參加實驗的學生就可以得到一張會員卡，結果所有的學生都表示自己願意留下來。羅恩在發放會員卡的時候，發現教室裡學生的數量從之前的 30 個人變成了 43 個人，原來那 13 名學生是從其他班跑來的，他們主動表示想加入這個班級。

在所有的卡片中，有 3 張卡片羅恩用紅筆標出了一個 X 形，他告訴學生凡是收到標著紅色 X 形卡片的學生要主動承擔起監督同學的任務，發現同學有違反紀律的行為，就要向老師報告。不過羅恩並沒有說到底有誰拿到了 X 卡片，也沒有說有多少人拿到了 X 卡片。

被浪潮席捲的個性

之後羅恩開始講述實踐的重要性,他告訴學生們,任何的紀律、團結都需要藉助實踐的力量,否則將毫無價值。此外羅恩還特意強調了勤奮、努力的重要性。接下來,羅恩在講課的時候學生們都表現得很認真,還紛紛表示學到了很多東西,覺得羅恩的課講得很有意義,希望羅恩能一直這樣教下去。但事實上,羅恩故意採用了十分枯燥的講課方式,他覺得一定會有學生感到厭煩,沒想到學生們已經到了願意接受老師所有安排的地步,甚至連枯燥的課程也覺得舒適、受用。

為了進一步試探學生們的底線,羅恩開始指派任務,例如讓某學生設計一個「第三浪潮」的標誌;某學生負責阻止其他外來成員進入這個教室;某學生必須在一天內將所有成員的名字和地址記住;某學生必須成功到附近一所小學中訓練20名小學生採用「正確」的坐姿。結果,這些學生全部照做了,他們嚴格遵守了羅恩所下達的所有命令。

為了使整個團體得到擴大,羅恩命令每個成員說服一個人加入這個團體中,並且這個人必須是這個成員覺得足夠可靠的。接下來,羅恩制定了吸收新成員的規則:任何人想要加入這個團體,必須得經過老會員的介紹;然後羅恩會發給申請者一張會員卡;最後申請者必須複述出團體的紀律並且宣誓會嚴格遵守團體紀律。只有這樣,申請者才能成為這個團體的真正會員。

第三章　醋桶裡，泡不出甜黃瓜—情境的影響

　　漸漸地，羅恩開始意識到事態失控了，「第三浪潮」團體在學校的影響力越來越大，受到了全校的關注，甚至連校長在遇到羅恩時都做出了一個浪潮的手勢。羅恩在去學校餐廳吃飯時，廚師都忍不住問羅恩「第三浪潮」的餅乾是什麼樣子的，羅恩告訴他就是普通的巧克力餅乾。

　　在第三天快過去的時候，羅恩發現「第三浪潮」的團體成員已經超過了 200 個學生，他開始感到害怕。最讓他震驚的是，僅僅這一天居然有 20 個學生跑來向他打小報告，告訴他某學生違反紀律，事實上羅恩只派了 3 名學生進行監督。

　　這天，有一名學生的家長找到了羅恩，他從女兒那裡得知了「第三浪潮」團體。女兒對這個團體很憂心，她不大喜歡這個團體，卻不得不迫於集體的壓力參與其中，不過班上的活動她幾乎不參與。事實上，班裡有 3 名女生對這次實驗不太熱情，她們之前的成績很好，經常得到老師的誇獎，但自從實驗開始後，她們的好成績就在「平權主義」的浪潮下「磨平」了，成績變得不再重要。

　　面對家長的質疑，羅恩告訴他自己只是在進行一項實驗，希望學生們能夠透過這項實驗了解到「二戰」時期德國的一些過於激烈的行為。家長一聽覺得很有意思，隨即表示不再追究，還會跟其他家長說明，讓羅恩不要擔心家長方面的問題。

電影《惡魔教室》中，蒂姆的原型是一個名叫羅伯特的學生。在實驗開始前，羅伯特幾乎沒有朋友，經常獨來獨往，即使午飯也是一個人獨自在教室裡吃。在實驗開始後，羅伯特的生活一下子就被改變了，他成了「第三浪潮」團體中的一員，他和大家一樣平等，並且得到了其他成員的庇護。

羅恩在實驗開始後的第三天下午注意到了羅伯特，他發現羅伯特在跟蹤自己，於是就問他想做什麼。羅伯特說，他想成為羅恩老師的保鏢，他擔心有什麼危險的事情發生。於是羅伯特成了羅恩的保鏢，伴隨在羅恩身邊，總是站在羅恩的右邊，在遇到其他成員時羅伯特會微笑著和他們行「浪潮禮」。當羅恩去參加教職員會議的時候，羅伯特也會跟著他，他跟其他老師解釋說，自己並非學生而是保鏢。

這一天對羅恩來說過得筋疲力盡，他覺得實驗已經失控了，他根本不知道學生們接下來會做些什麼。他決定阻止事態的進一步失控，提前結束「第三浪潮」實驗。

第四天，羅恩想到一個終結「浪潮」活動的辦法。在上課時，羅恩告訴學生們「第三浪潮」並非他策劃的實驗，而是一次全美國內的有預謀的大型運動，旨在選拔一個優秀的年輕人，讓他們來完成國家的政治改革計劃，全美其他高中的老師也在進行這樣的活動。

羅恩還告訴大家，「第三浪潮」運動的目的是改變整個美

第三章 醋桶裡，泡不出甜黃瓜──情境的影響

國的面貌，讓社會變得更美好，學生們能從這次運動中學習到遵守紀律、團結的重要性，從而改變學校的運作方式。這樣一來，工廠、商店、大學和其他任何機構的運作方式也會隨之發生改變。

最後羅恩表示，他會在週五進行一次集會，地點就在學校的小禮堂中，他希望全體成員都能到場，一起透過電視目睹美國的這一歷史性事件——總統候選人會召開記者會，並在會上正式宣布「第三浪潮」運動的存在。

第五天，羅恩為了讓集會更莊重、逼真，專門請來了幾位朋友，讓他們拿著相機，打扮成記者的樣子。集會開始前，羅恩將所有的燈都關掉，然後打開了電視。這時，所有人的注意力都集中在電視上，希望能見證歷史性的一刻。但電視上沒有畫面，只有雪花。兩分鐘後，開始有人議論，安靜的人群中出現了騷動，大家紛紛議論總統候選人為什麼還不出現。

這時，羅恩走上了講臺，他將電視關掉後開始講話：「安靜，大家聽好，我現在有一件很重要的事情要告訴你們。其實並沒有什麼總統候選人，『第三浪潮』運動也根本就不存在。」之後羅恩講起了「二戰」時德國的歷史，他開始一一回答學生們之前所提出的問題。最後，羅恩播放了一段納粹德國的真實影像。看到影像中那些瘋狂追隨希特勒的人們時，學生們才突然醒悟，原來僅僅不到一週的時間，法西斯主義就在他們身上復活了。

被浪潮席捲的個性

與電影《惡魔教室》不同，羅恩所策劃的浪潮實驗並未帶來重大的負面影響，作為蒂姆原型的羅伯特也並未做出殺人和自殺的激烈行為。羅恩及時制止了「浪潮運動」，學生們在羅恩的指導下都恢復了往日的正常生活。

1981年，德國作家托德‧斯特拉瑟（Todd Strasser）根據這一事件撰寫了一部小說，2008年，德國導演丹尼斯‧甘塞爾（Dennis Gansel）接觸到了這本小說，決定將小說拍成電影，於是電影《惡魔教室》上映了。

當我們作為一個旁觀者來看待電影《惡魔教室》和羅恩所進行的「浪潮實驗」時，通常會覺得那群學生就是一群烏合之眾，他們的智商和理智好像集體「下線」了，看不到事實，只聽從羅恩這個老師所下達的命令，並對羅恩產生了不可思議的崇拜之情。這是因為當一個人身處某個團體之中且想要融入這個團體的時候，他的心理和行為都會發生變化，會為了從眾，改變自己的某些特點，給人一種好像變了一個人一樣的感覺。

群眾心理學的創始人古斯塔夫‧勒龐（Gustave Le Bon）認為，一個人一旦成為某個群體中的一員，他的智商就會嚴重降低，會為了獲得群體的認同，而拋棄個人意願，喪失辨別是非的能力，只為獲得那份讓人倍感安全的歸屬感。例如羅恩明明用很枯燥的方式講了一節課，他本以為學生會提出抗議，但他們都接受了，反而覺得羅恩的課講得很好。這其

第三章 醋桶裡，泡不出甜黃瓜—情境的影響

中除了羅恩這個「獨裁者」在發揮作用外，更重要的是團體的作用，學生們對「浪潮」這個團體產生了非常強烈的認同感，在這個團體之中，每個個體為了保持和其他成員的一致性，必須放棄自己的自主性，他們的個性已經完全被「浪潮」席捲了，只剩下為了留在團體中而做出的附和。

不論蒂姆還是羅伯特，當他是一個個體時，他缺乏自信，幾乎沒有朋友，被同學們排擠。但在「浪潮實驗」開始後，他們好像變了一個人似的，充滿了自信，還毛遂自薦成了團體領導人——老師的保鏢。蒂姆、羅伯特的自信從何而來？就是藉由「浪潮」這個團體而來的。一旦一個人成為某個團體的一員，並且在這個團體中充滿了自豪感，那麼團體中的每個個體都會充滿自信，哪怕他原先是一個膽小、孤僻的人。但這種藉助團體所獲得的自信很容易被擊潰，例如蒂姆在「浪潮實驗」結束後，就因自信的坍塌而做出了激烈行為。

藉助團體而獲得的自信會使一個人變得盲目，被自信衝昏頭腦，他覺得團體會為自己提供庇護，他相信自己是一個足夠優秀、足夠自信的人，因此他很容易出現排外的激烈行為，並將這種行為視為正義。

在群體這樣的情境中，哪怕是一個十分理智的人也會變得情緒化。日常生活中，我們每個人都會對自己的情緒具有一定的掌控力，否則我們就會因為經常性的情緒化而陷入失控，將生活弄得一團糟。在群體中，情緒化十分常見，所產

生的破壞作用也遠大於個人情緒失控。集體的情緒失控如同開了閘的洪水一樣,會產生難以想像的破壞,通常會演變成暴力事件。

　　一個群體想要行動,就必須依靠情緒化來實現。在情緒化的影響下,群體中的每個個人不再理智,他們看不到事實,也不在乎事實是什麼,只有等到行動結束後,他們的理智才能一點一點地恢復。例如在電影《惡魔教室》中,馬可與女友卡羅本是一對非常恩愛的情侶,但在「浪潮」團體的影響下,馬可無法保持理智,他會因卡羅的反對而對她動手,這是他以前根本不可能做出的行為,他一直都很紳士。試想,如果和卡羅發生爭執的不是馬可一個人,而是「浪潮」這個團體,那麼卡羅就會面臨著非常危險的局面,失控的人群可能會對她的人身安全造成威脅,其實卡羅在影印室印製傳單來抵制「浪潮」運動時,就曾遭受過人身安全的威脅,幸虧當時她迅速離開了現場。

第三章　醋桶裡，泡不出甜黃瓜—情境的影響

特定情境下，無法保持自我

美國心理學家菲力普・津巴多（Philip Zimbardo）曾是史丹佛大學的心理學教授，擔任過美國心理學會主席。他在紐約布朗克斯區長大，這是一個遍布貧民窟、暴力叢生的地方，他的許多好朋友後來由於種種原因誤入歧途，有的進了監獄，有的吸食毒品。從那時起，津巴多一直在思考一個問題——為什麼好人會做壞事？在津巴多看來，他那些誤入歧途的朋友都是好人，不應該做壞事。

人們總是習慣將這個世界劃分出善惡黑白，認為善與惡之間存在固定的、不可踰越的界限。事實上，善惡之間並非涇渭分明，從善到惡的轉變，通常取決於情境的力量，在某些特定情景中，善人會作惡，惡行結束之後又會變回善人。津巴多認為，在特定情境的影響下，好人會釋放出內心的惡魔，做出一些壞事來。

津巴多所生活的貧民窟，充滿了誘使人作惡的因素，例如毒品、幫派、暴力、組織犯罪、詐騙等。在這樣惡劣的情境下，人很容易跨越雷池，做一些自己根本想不到的惡行，從好人變成壞人。通常情況下，我們相信自己是好人，不會做出惡行，將惡行劃分在界限的另一邊，認為自己永遠不會

跨過這道界限。事實上，當身處一個誘使作惡的情境中時，我們極有可能會在不知不覺間跨過這道界限。為了驗證自己的觀點，津巴多設計了一項實驗，也就是著名的史丹佛監獄實驗。

史丹佛監獄實驗影響深遠，2001 年上映的德國影片《死亡實驗》(*Das Experiment*) 改編自馬里奧‧佐丹奴 (Mario Giordano) 的小說《黑盒子》(*Black Box*)，而故事的原型就是史丹佛監獄實驗。2010 年上映的美國影片《叛獄風雲》(*The Experiment*) 則是翻拍自《死亡實驗》。在《叛獄風雲》中，失業的主角在報紙上偶然發現了一則徵人啟事，報酬豐厚，兩週就可以獲得 14,000 美元。主角馬上前去應徵，原來這是一次科學實驗，實驗的地點是州立監獄，參與實驗的人要分別扮演囚犯和警衛。大家本以為這是一場好玩的角色扮演遊戲，可是，隨著實驗的展開，事情逐步朝著失控的方向發展。

而真實的史丹佛監獄實驗則是這樣的。津巴多和他的助手在報紙上刊登了一則廣告，應徵一些自願參加實驗的人，一天的報酬是 15 美元。津巴多一共應徵了 72 名來自美國各地的學生，之後津巴多等人對這些學生進行了訪談和人格測試，從中挑選出了 24 名學生。這些學生都通過了人格測驗，他們都是正常的、心理健康的學生。之後他們被隨機分成兩組，其中 9 名學生扮演監獄中「囚犯」的角色，9 名學生扮演「警務」的角色，剩下的 6 名學生作為候補，津巴多則扮演典獄長的角色。

第三章　醋桶裡，泡不出甜黃瓜—情境的影響

　　實驗場地就在史丹佛大學心理系大樓的地下室中，津巴多將地下室中的一些房間和走廊改造成了監獄的模樣，將每間牢房改為豎欄式結構並配有單獨的牢房號碼。這裡和真正的監獄十分相像，沒有陽光照射，只有無盡的幽暗與潮溼。

　　為了真實地模擬監獄場景，9 名扮演囚犯的學生在未被告知的情況下，被「警察」從住處抓捕到車上，「警察」還對他們進行了搜身，最後為他們戴上手銬、牛皮紙頭套，然後被押送到「史丹佛監獄」。津巴多為了使史丹佛監獄更真實，還設計了父母探望日，會安排天主教神父、公設辯護人出現在監獄裡。這一切設計，都給人一種這就是一座真正的監獄的感覺。

　　扮演囚犯的學生按照津巴多的要求脫掉身上所有的衣服，身上塗上除蝨藥粉，然後穿上像連身裙一樣的囚服，頭戴絲襪且不能穿內褲，最後他們被告知要用編號代替之前的名字，手上和腳上還被戴上了鐵鏈。津巴多對他們說：「你們現在所扮演的角色是囚犯，希望你們能有一定的心理準備，在這裡你們的部分人權可能會遭到侵犯。」

　　扮演警衛角色的學生，會按照要求穿上警服並佩戴黑色不反光的墨鏡以及警棍，這副裝扮會增加警衛的威嚴感。之後津巴多對警衛說：「在這裡，你們和真實獄警一樣擁有管理囚犯的權力，比如按照正常程序對囚犯進行裸體搜身。但是你們不能用暴力的手段對待囚犯，你們只需要扮演好警衛的

角色,維護好監獄內的秩序即可。」

剛開始,警衛和囚犯都還沒有完全進入自己的角色,他們只覺得這是一次為期兩週的角色扮演,雙方之間的關係也很微妙,顯得有些尷尬。後來開始有囚犯挑戰警衛的權威,例如將自己囚服上的編號撕掉,無視警衛所下達的命令,甚至嘲諷、謾罵警衛。

眼看著監獄秩序開始變得混亂,警衛們一下子變得手足無措,於是就向典獄長津巴多請教該怎麼做。津巴多告訴他們:「這是你們自己應該學會解決的問題,不要忘了,你們的任務就是維護監獄的秩序。」

於是,警衛們開始採取一些手段來鎮壓不聽話的囚犯,並對違反秩序的囚犯進行懲罰。警衛們會半夜強迫囚犯起床,然後命令他們排隊,懲罰他們做伏地挺身,有的警衛甚至會騎在正在做伏地挺身的囚犯身上,說是為了增加懲罰力道。後來警衛們想出了五花八門的懲罰手段,例如脫光衣服、關禁閉、沒收枕頭或被褥、取消餐食、剝奪睡眠、用手清洗馬桶。

後來,警衛們為了更有效地管理囚犯,決定採取心理上的分化策略。他們先將 3 個表現不錯的囚犯單獨關押在一個隔間裡,為他們提供更好的牢房和伙食,半天後將他們放回;然後帶走 3 個帶頭反抗的囚犯,將他們放到隔間裡,折磨他們。這樣一來,囚犯之間就會相互猜疑,並認為只有告密才

第三章 醋桶裡，泡不出甜黃瓜—情境的影響

能得到好處，囚犯們就不會團結起來一致對抗警衛了。

就在實驗進行到第 36 個小時的時候，一名囚犯因不堪忍受折磨，精神狀態瀕臨崩潰，他開始出現哭泣、咒罵等各種歇斯底里症的症狀，他向津巴多提出自己要提前退出實驗。這名囚犯的編號是 8612，他在第一天進入監獄時，領頭破壞監獄的秩序，因此遭到了警衛們的「特別照顧」。

這遠遠出乎津巴多的預料，按照計畫，實驗本應該進行兩週，他最先考慮到的不是 8612 的精神狀態，而是如何將實驗繼續下去，他覺得如果 8612 被批准退出實驗，那麼就會有更多的囚犯選擇退出，那樣實驗將無法進行下去。於是，他對 8612 說：「我希望你能回到監獄，做我們的眼線，向我們提供更多囚犯的資訊，作為回報，我可以保證監獄的警衛不會再折磨你，還會給你很好的待遇。」後來當津巴多回憶起這個插曲時說：「8612 的心理未免太脆弱了，實驗才進行了一天多，他怎麼那麼快就不堪忍受想退出實驗？我的實驗可是要進行兩週啊。」

當囚犯們看到 8612 重新回到監獄時，他們的希望瞬間破滅，他們開始意識到自己無法主動退出這場實驗。一天晚上，津巴多的一名研究生在值夜班時，8612 再次向他提出了想要退出實驗。他注意到 8612 的精神狀態十分糟糕，在經過一番心理掙扎後，他決定同意 8612 的要求，儘管這個決定可能會使這次實驗的所有心血付諸東流。當津巴多得知這個消息後，

立刻找到這名研究生並質問他為什麼要這麼做，當得知他的想法後，還是同意了他的決定。之後津巴多從 6 名候選者中挑出了一名學生，讓他填補 8612 的空缺，他的編號是 416。

416 和其他囚犯形成了強烈的反差，那些囚犯在警衛的懲罰下變得異常順從，如同行屍走肉，但 416 由於剛來到監獄，沒有見識過警衛們的手段，所以反叛意識十分強烈，總是挑戰警衛們的權威。為了懲罰這個反叛者，警衛們想出了一個新的折磨人的方式——如果 416 再違反秩序，就禁止所有囚犯上廁所，於是牢房的環境變得更加糟糕，臭氣衝天，如同豬圈。最詭異的是，416 這個最正常的人被囚犯和警衛們聯合孤立起來，他的反抗使自己成了史丹佛監獄裡的異類。所有人都進入了津巴多為他們安排的角色中，警衛們享受著獄警的權力，隨意懲罰甚至虐待囚犯，而囚犯們一直在忍受，不論警衛還是囚犯，都沒有想過終止這項實驗。

一名真正的典獄長在津巴多的邀請下參觀了史丹佛監獄，在接觸了所有囚犯的情況後他對津巴多說：「這些學生的反應和首次坐牢的囚犯十分相似。」除此之外，津巴多還相繼邀請了 100 多個外來探監者，有心理學系的學生，也有被試的父母或朋友。奇怪的是，當這些探監者看到囚犯們的糟糕狀況後，並未想過終止實驗，直到一名年輕女士的到來，此時實驗已經進行到了第 6 天。她是史丹佛大學心理學專業的一名博士，同時也是津巴多的女友，名叫克里斯蒂娜。

第三章　醋桶裡，泡不出甜黃瓜—情境的影響

起初，克里斯蒂娜對這座監獄的印象很好，接待她的警衛表現得十分友好、禮貌。到了晚上，當克里斯蒂娜看到警衛們如何懲罰、折磨囚犯的時候，她被眼前殘忍的景象嚇到了。在離開實驗現場後，克里斯蒂娜憤怒且恐懼地對津巴多說：「如此殘酷的場景讓我有一種深深的無力感！你難道不覺得自己對那些男孩做的事情太過分了嗎？這些人並不是真正的囚犯和獄警，只是普通的男孩。你對他們身上所發生的一切都具有不可推卸的責任，你失控了，你不再是一個實驗發起者，你變成了名副其實的典獄長。」

克里斯蒂娜的指責讓津巴多很意外，他很快反應過來，並開始為自己辯解，最終兩人激烈地爭吵起來。津巴多覺得克里斯蒂娜不理解自己，而克里斯蒂娜則覺得津巴多是一個冷酷的人，她無法繼續和一個冷酷的人維持親密關係。

津巴多冷靜下來後開始反省：「這只是一場模擬實驗，怎麼就變成了一座真正的監獄，甚至成了一個瘋狂折磨人的地方？」最終津巴多決定提前結束實驗，他立刻覺得如釋重負，他與克里斯蒂娜的關係也得到了緩和。

克里斯蒂娜一直在思考，如果自己作為一個參與者而非一個旁觀者，是否也會像津巴多一樣瘋狂？她覺得如果自己從一開始就參加了這項實驗，她很有可能會像津巴多一樣，漸漸適應和習慣實驗中所發生的一切，並進入自己的角色，將一切不合理的現象視為正常。

實驗開始前,所有受測者之間沒有什麼差異,他們都是積極、樂觀的學生,沒有人相信他們會做出虐待他人的惡行。但當實驗進行到一週左右的時候,不論是囚犯還是警衛,都逐漸進入各自所扮演的角色中,他們之間的差異也越來越大,看守成了施暴者,會變著花樣折磨囚犯,而囚犯從最初的反抗變成了默默忍受。

　　在實驗結束後,扮演警衛和囚犯的學生之間依舊存在著一種無法化解的對立乃至仇恨情緒。當他們在津巴多的邀請下,坐在一起討論參加這次實驗的感受時,津巴多明顯感受到了雙方的對立情緒,最終這場探討會變成了激烈的對質與聲討。津巴多只能單獨對他們進行訪問,並對他們進行問卷調查。囚犯們對待津巴多的態度並不友好,他們覺得津巴多是史丹佛監獄的製造者,根本不可信,自然也不會配合津巴多的工作。

　　津巴多認為史丹佛監獄實驗的結果可以充分證明,人很容易受到情境的影響而作惡。在一種特殊的情境下,不論將誰放進去,他都會發生改變。就像將一根黃瓜放進醋桶裡,在醋桶這個特殊的環境下,黃瓜將無法保持自身的甜性,只能隨著環境而改變為酸黃瓜。

　　在史丹佛監獄實驗結束之後,津巴多為了探索心理學造福社會的途徑,在加州的門洛帕克創辦了一家「害羞診所」,專門治療成人和兒童的害羞問題。

第三章　醋桶裡，泡不出甜黃瓜—情境的影響

2004 年,津巴多作為專家證人出席了一場軍事法庭的審判,為一名阿布格萊布監獄(中東監獄)負責看守的伊萬·弗雷德里克(Ivan Frederick)中士進行辯護。伊萬被控告虐待囚犯,津巴多鑒於伊萬所處的情境,認為判決應該從輕。津巴多認為伊萬是一個身心健康的年輕人,沒有表現出任何病理症狀,只是特定的情境改變了他。如果不是身處該情境,伊萬本該是一個正常、善良的人,在一個普通的小鎮上過著正常人的生活,會是一位好丈夫、好父親、好兒子,身邊還會圍繞著許多好朋友。

在此之前,津巴多做了大量準備,當然他也看了伊萬等士兵虐待囚犯的照片,這些照片完全可以證明伊萬虐待囚犯的行為。但津巴多在調查伊萬身處的環境時發現,伊萬每天承受著巨大的壓力以及繁重的工作,他所處的監獄環境很糟糕,他和其他 7 名警衛管理著一千多名犯人,而且每天都要值班 12 個小時,還需要連續工作 40 天才能休息,每天累了只能在監獄旁的狹小房間內休息。而且伊萬和其他看守都沒有得到過專業的訓練和有效的監督。

津巴多認為,伊萬的心理扭曲是受到特定情境的影響,哪怕這個情境中的一個因素得到改變,伊萬都不會出現虐待囚犯的行為。例如如果上級在伊萬值夜班的時候監督他,但上級根本不關心阿布格萊布監獄的情況。

在史丹佛監獄這個惡的情境下,一個人的人性價值會消

失,自我認知會遭遇挑戰,這最終使得一個身心健康的人的性格發生了轉變。從警衛的角度看,警衛開始沉溺在懲罰、折磨囚犯的快感中,在進入史丹佛監獄這個情境之前,他們絕對想不到自己會變成一個施暴者;囚犯們也發生了改變,他們之前有自主意識,並且會為了維護自身的利益而反抗,但後來他們變得順從,對警衛所提出的要求完全服從,開始沉默忍受一切,變得麻木不仁。

情境對一個人的影響,要遠遠大於我們的想像,情境會悄無聲息地改變我們,而我們身處其中卻不自知。在史丹佛監獄實驗中,有一個警衛覺得對囚犯施暴是不正確的,他從頭到尾都沒有參與虐待囚犯的行為,但他也沒有制止,從始至終他都默許了其他看守的施暴行為。

這種默許、不作為也屬於一種惡。通常情況下,我們會將關注點放在施暴者身上,覺得他們的所作所為才是惡行。卻忽視了默許這種行為,其實不僅僅是在縱容惡行,也是在支持惡行的存在,正是這種默許使得惡行變得可以被接受。在史丹佛監獄實驗中,沉默的警衛只有一個,他的默許無法產生重要作用,即使他真的站出來制止,也不見得會發揮什麼作用,他甚至還可能遭到其他警衛的孤立。那當沉默的不再是一個孤立的人,而是一個群體呢?那樣沉默就會成為一種縱容惡行的特定情境,會有更多的人選擇沉默,接受惡行,於是我們就會被這種默許惡行的情境所改變,只是我們

第三章　醋桶裡，泡不出甜黃瓜—情境的影響

身處其中，毫不自知。例如「二戰」時期，一些德國人面對納粹分子的屠殺行為選擇了沉默，於是納粹的行為愈加瘋狂，最後發展到不可收拾的地步。

當然，像虐囚這種惡行距離我們的生活十分遙遠，我們幾乎不會接觸到這樣的情境。但類型的情境卻很常見，例如校園暴力事件。

在校園環境中，會有各式各樣的小團體，每個身處小團體的人都會受到團體的影響，會在不知不覺中隨波逐流，以此避免自己被孤立。當團體傳遞正能量時，團體中的每個人都會向好的方面發展、改變，可如果團體傳遞出的是負能量，那麼每個人也會受到負面的影響。在校園生活中，有時會有那麼一兩個同學，他們無法融入某個團體中，總是獨來獨往，似乎不受歡迎。這個被團體排擠在外的同學容易成為校園霸凌的受害者。當校園霸凌發生的時候，這個團體就會處於一種特定的情境中，這種情境會促使一些人成為加害者，但也會促使更多沉默者出現。沉默者將霸凌現象看在眼裡，卻無動於衷，他們明明知道受害者並未做錯什麼，但他們卻在這種情境中選擇了沉默，成了校園霸凌的幫凶。他們雖然沒有主動對他人施加傷害，卻扮演了被動加害者的角色，默許加害者暴力行為的存在，甚至會協助、附和加害者。他們之所以這麼做是因不敢挑戰情境的力量，害怕一旦自己試圖打破這種局面，會成為校園欺凌新的受害者。

特定情境下，無法保持自我

　　津巴多認為，儘管我們的行為會受到各自性格的影響，但強大的情境會戰勝性格的影響，從而導致一個人做出一些十分反常，甚至令人難以理解的行為，也就是說情境可以改變一個人。在校園欺凌事件中，所有人都會受到欺凌情境的影響，不管他是什麼性格的人，尤其是當受害者只有一個人的時候，多數人甚至會將欺凌行為正當化，覺得受害者就應該被欺凌。這樣只會使得欺凌行為越來越嚴重。

　　情境的影響無處不在，我們每天都會受到周圍環境和人的影響。當一個人處在一種無所事事的情境中時，他就很難去努力，因為周圍人都沒有努力，無法為他帶來積極向上的引導。他會開始思考自己為什麼要努力呢？在思考過後很有可能會做出妥協，向情境妥協，對自己進行洗腦，讓自己放棄努力，就跟情境中的大多數人一樣。

　　我們都堅信自己能夠堅守原則、自我，不被周圍環境和人所影響，並且覺得自己與眾不同。但大量的社會心理學研究顯示，大多數的人會在特定情境的影響下，主動做出那些自己認為永遠不會做的違反自我原則的事情。

第三章　醋桶裡，泡不出甜黃瓜─情境的影響

我們習以為常的從眾情境

《十二怒漢》(*12 Angry Men*)是一部黑白電影，沒有複雜的故事情節，且只有一個場景，卻將每一個人物的內心展現得淋漓盡致。電影的主角是 12 個人，他們來自美國社會的各個階層，身分、地位、成長環境截然不同。他們組成的陪審團正在辯論一樁謀殺案是否成立。謀殺案的被告是一名來自貧民窟的 18 歲少年，死者是他的父親。這 12 名陪審團成員必須討論出一致意見，即被告的謀殺罪名是否成立。如果成立，這名 18 歲的少年將會被送上電椅接受死刑；如果不成立，那麼不成立的理由必須是基於對整個審判的推理、詢問、證據、證言或程序產生的「合理懷疑」。

1 號陪審員，是陪審團的組織者、支持者，他的主要任務是負責提供資料、道具，負責制定規則和堅持執行規則。在討論的過程中，1 號雖然有過不高興，但依舊堅持執行規則。

2 號陪審員是一個很熱心的人，一開場就為大家提供了潤喉糖，這是他第一次參加陪審工作，沒有自己的主見。後來隨著討論的深入，2 號開始堅守被告無罪的立場，並提供了關鍵線索，例如凶手拿刀的方式。

3號陪審員一直堅持被告有罪的立場。他是一家通訊公司的老闆，同時有豐富的陪審經驗，他的脾氣火爆、大嗓門，給人一種自負、衝動的感覺。3號一開始就將該案的所有證據羅列出來，除了證據外，還有兩位證人的關鍵證詞。一位老人證明，他聽到了被告與父親的爭吵，還目擊了被告的奪路而逃。另一位女士證明，她在街對面目擊了整個凶殺過程。正因為這些證據、證詞，導致一開始所有陪審員一邊倒地堅持被告有罪立場。

後來隨著討論的深入，案件的許多疑點開始浮現，有許多陪審員開始支持被告無罪立場。當大家一致支持被告無罪立場時，3號仍堅持被告有罪立場。原來3號與兒子鬧翻了，兒子離開了他，還與他斷絕了父子關係，所以他是帶著對年輕一代的仇恨來看待這宗弒父案件的。3號堅信自己是一個正直善良的人，認為父子之間衝突的過錯完全在兒子身上，所以他潛意識裡企圖將兒子的形象投射到被告身上，證明被告有罪的同時也就是將導致他們父子斷絕關係的責任都推卸到了兒子身上。

在討論的過程中，3號漸漸意識到被告是無罪的，這意味著他開始意識到自己與兒子產生衝突的原因不在兒子，而是因為自己脾氣暴躁，這導致3號陷入了認知失調中。所以他出現了情緒失控，他辱罵所有的陪審員：「你們是一群狠心的混蛋，我要告訴你們，所有的事實遭到了扭曲，你們無法

威脅我，我要堅持自己的想法！該死的孩子，你毀了自己的一生！」當情緒得到了徹底發洩後，3號一邊抽泣一邊承認：「被告無罪。」

4號陪審員是一名投資經理人，是一個自信、嚴謹、客觀、邏輯清晰的人，在整個討論過程中，他從未出現過情緒失控，情緒狀態一直很穩定。相比於3號這個從頭到尾的「頑固派」，4號才是最難對付的，他才是支持被告有罪的陣營中最理性、論述最有力道的人。導致4號態度轉變的是一個細節，最後他投票支持被告無罪時說了一句話：「奇怪的是我竟然忽略了這個細節，我選擇被告無罪是因為我有了一個合理疑問。」

5號陪審員和被告一樣出生於貧民窟。一開始，5號的立場不堅定，最終導致他堅持被告無罪立場的是偏見。4號的一番話刺激到了5號：「貧民窟是犯罪的溫床，貧民窟的孩子在社會上更容易犯罪。」5號認為這是4號這個出身於上流社會的人對貧民窟的孩子的偏見，他自己就是最好的證明。他雖然來自貧民窟，卻依靠自己的努力獲得了一份體面的工作。

6號陪審員是一名裝修工人，也是一個教養很好的人。一開始他堅持認為被告有罪。在整個討論的過程中，6號一直在傾聽，並未提出合理的疑問。不過在上廁所時，6號對8號提出了一個問題：「如果你真的說服我們都投了無罪，而事實卻

是那個孩子真的殺死了自己的父親,那該怎麼辦呢?」8 號回答說:「陪審團並非要探尋真相,而是找出合理的疑問。」

7 號陪審員是一名業務。在整個討論過程中他始終漫不經心,只想著趕快結束,好去看當晚的橄欖球賽。

8 號陪審員是一名建築師,從一開始就提出了被告無罪的立場,承受著其他 11 人的壓力。在發表觀點的過程中,8 號只是提出合理的質疑,思路雖然清晰,邏輯分析能力卻遠不如 4 號,他也沒有什麼充分的理由來質疑案件的證據,只是覺得不能僅僅用 5 分鐘就決定一個孩子的生死,這樣的大事必須好好考慮。

9 號陪審員是其中年紀最大的,也是第一個站出來支持 8 號的人。9 號對兩位證人的證詞提出了質疑。首先是老人的證詞,案發時有電車經過,在電車的轟隆聲下,老人是不可能聽到樓上的聲響的,他會這樣說,是希望自己的意見能夠得到重視。這是許多老人都有的心態,9 號老人十分了解這一點,因此老人可能是幻想自己聽到了被告與父親的爭吵,並認為自己認出了被告。其次是女人的證詞,9 號注意到 4 號經常捏鼻梁,他回憶起女證人也有這樣的動作,而且她的鼻翼兩側有深印,由此他認為女證人需要佩戴眼鏡,而她所說的自己在看到殺人場景時是剛起床的時候,此時她無法及時佩戴眼鏡,看到的只是一個模糊的場景,因此無法認定凶手就是被告。

第三章 醋桶裡，泡不出甜黃瓜—情境的影響

10 號陪審員是一個傲慢無禮的人，經常發表一些歧視弱勢族群的言論，最後遭到了其他人的一致抵制。當所有人都背對著他時，他的心理防線終於崩潰，改為支持被告無罪的一方。

11 號陪審員是一個錶匠，有自己獨立思考的能力，十分看不慣 7 號：「如果你覺得那孩子有罪，那你也應該堅持下去，而不是為了快點結束而投無罪。」

12 號陪審員是一個廣告人，最初吸引了所有人的注意。他喜歡講冷笑話，雖然圓滑世故，卻是一個有正義感且尊重事實的人。

在第一次投票時，只有 8 號對被告有罪的犯罪事實提出疑問，5 號和 9 號在舉手表決的時候猶豫、滯後，顯然這兩人也有疑問，卻礙於眾人的壓力選擇了被告有罪的立場。這 12 個人在面對這起案件時表現出了三種反應，第一種認為被告有罪，例如 3 號和 4 號；第二種堅持被告無罪，例如 8 號；第三種則是大多數人的反應，即從眾。當一個人面對一件與己無關且不太清楚底細的事情時，往往會追隨人數較多的一方，尤其是在陌生環境下，不知道自己的判斷是否正確時，從眾行為更容易出現。這是我們最熟悉不過的社會法則，少數服從多數，大多數人的判斷總是正確的。例如 1 號陪審員，他是第一次參加陪審團，在這種情況下，選擇從眾在他看來是最安全的做法。

從眾的情境在日常生活中十分常見，它普遍存在於購物、生活、交流溝通等各個日常生活場景裡，不僅常見還難以被察覺。例如排長隊現象，當一些人發現一家店門前排起長隊的時候，他們會自然而然地認為這家店裡的東西比別的店裡的東西來得好，而選擇排隊等待購買。因此許多商家會利用人們的從眾心理，比如有的房地產開盤之前，開放商會召集許多「樁腳」來撐場面；某家店鋪開張之時，也會召集許多「樁腳」來排隊購買，給消費者造成一種門庭若市的感覺。

　　提到從眾效應，就不得不提到人類的思維和遠古時期的生活環境。人類是群居動物，在遠古時期，每當遇到災難時，例如乾旱，部落就會遷移到另一處適合居住的地方。當所有人跟著隊伍一起遷移的時候，最前方會有一個領頭人，大家會跟著領頭人跋山涉水，尋找新家園和食物。領頭人會召集一批指揮者，指揮隊伍通常由寥寥幾個人組成，整個部落都會跟著指揮者一起行動。這個時候就顯示出從眾的重要性了，如果沒有從眾行為，整個部落很可能會一團亂，整個遷徙行動也就無法進行下去了。

　　久而久之，從眾就成為人類大腦的慣性思維，跟隨別人一起行動變成了一種習以為常的本能行為，於是從眾效應出現了。當一個人追隨大多數人的行為時，他往往不會費力思考行為的正確與否，而覺得隨波逐流是最快、最省事的做事方法，會降低思考的難度，畢竟大家都在做，一定有人思考

第三章　醋桶裡，泡不出甜黃瓜—情境的影響

過是否正確。這種思維模式導致很多人從來不會考慮自己為什麼要跟隨大眾。當然，我們在日常生活中也總是能夠見到不願意跟隨大眾的人，但這些特立獨行的人畢竟是少數，他們往往要承擔來自大眾的壓力。

有人曾經在地下鐵裡做過一個十分有趣的實驗。一個穿著十分普通的人從列車上下來後，馬上開始變得驚慌起來，左顧右盼後開始彎著腰抱頭逃跑。人群中還有幾個實驗參與者會配合他的表演，也開始慌亂並抱頭逃走。整個過程中這些人都沒有說一句話，但他們很快引起了一些人的注意。人群中開始出現騷動，人們變得驚慌起來，慌亂之中有很多人跟隨著這些實驗者一起迅速逃離了車站。人們會出現這種行為顯然是受到從眾效應的影響。很多時候，一些人在發現周圍的同伴們出現某種行為時，他們並不是馬上去尋找其中的原因，而是跟著大家一起做同樣的事情。他們認為大多數人做的事情是對的，並不會加以思考，因為思考是一件需要花費大量時間和精力的事情，再加上很多人內心並不自信，不相信自己的判斷是正確的，所以才會有從眾行為。例如在上述實驗中，一個人很容易在實驗者的影響下開始慌亂和逃離，逃離的人越來越多，最終造成整個車站的人都在慌忙逃離。這個時候很少有人會靜下心來思考，因為人們害怕如果真的有危險，自己很可能因思考耽誤時間，讓自己置身危險之中，受到傷害。

還有一個十分經典的實驗。1952 年，美國社會心理學家所羅門·阿希（Solomon Eliot Asch）設計並進行了一項實驗，這是社會心理學界一項十分著名的實驗，證明了從眾現象的存在。阿希設計這項實驗的目的，是研究人們會在多大程度上因為他人的影響而改變自己的決定，遵從錯誤的判斷。

這場實驗的受測者是一群大學生，阿希告訴受測者這個實驗的目的是研究人的視覺情況。每個被試被安排進入不同的房間裡，每個房間裡已經有五個人先坐在那裡了，被試進去後就只能坐到第六個位置上。那五個所謂的受測者，其實是阿希的實驗助手，也是實驗設計的重要部分。

隨後，阿希會給被試兩張分別畫著不同長度豎線的圖片，讓所有人做一個判斷，即比較豎線的長度，看看哪條豎線更長。這是一個很容易做出的判斷，因為兩條豎線的長短差異是那麼明顯。不過那五個「臥底」會故意說出一個錯誤的答案。起初，受測者還能堅持正確的答案，當實驗進行了兩次後，受測者的想法開始出現動搖，他開始懷疑自己的判斷，有的被試甚至會遵從錯誤的判斷。實驗結果顯示，約有 33% 的人的判斷是從眾的，而有 76% 的人至少做了一次從眾的判斷。這是一個讓人驚訝的結果，因為在正常情況下人們出錯的可能性還不到 1%。

在實驗中，之所以會出現這樣的從眾現象，與受測者所面臨的來自其他五個人的壓力是分不開的。在現實生活中，

有些從眾現象的發生也的確是因為社會壓力的影響。

在之後的實驗中，阿希做出了一些細微的調整，讓他派出的其中一個「臥底」在實驗開始的時候給出正確的答案。在這樣的情況下，受測者就不再是孤身一人堅持正確的答案了，他會有一個同盟者，而這個同盟者會給他提供一定的社會支持，這在心理上有助於受測者抵抗社會壓力。實驗結果證明，這次只有 5% 的受測者選擇了從眾，即放棄正確的答案。

在從眾情境下，人們很容易放棄自己的個性和思考能力，從而做出從眾行為，這樣他就能獲得大多數人的支持，從而避免對抗大多數人的壓力。當然，也會有部分人堅持自己的思考和看法。

在電影《十二怒漢》中，這 12 個人中最特殊的人是 8 號，他是第一輪投票中唯一一個投反對票的人，他抵抗住了眾人的壓力。當一個人想要掌控發生在自己生活中的事件時，通常會選擇反抗從眾。8 號對所有人說，他沒有證據能證明被告無罪，他只是希望所有人能慎重討論一下案情，這畢竟涉及一個年輕人的生死。

之後 8 號對凶器進行了質疑，並提供了證據。於是第二次投票時，8 號有了一個支持者，即 9 號，9 號對兩名證人的證詞提出了質疑。9 號是一個不被人重視和關注的人，幾乎沒有人願意傾聽他說話，但當他站出來支持 8 號時，他與 8

號就建立了聯盟。在接下來的討論中兩人相互支持，每當有人不尊重9號時，8號都會竭力維護他。

8號在抵抗從眾壓力時表現得十分成功，他從一個人的少數派對抗多數派，最後做到了說服眾人，讓大家都站在了自己這一邊。8號到底是怎麼做到的呢？首先是他自身的因素，他在表達觀點時避免了死板和教條，他沒有直接否定有罪推論，而是先拋出了不確定、不完整的資訊，告訴大家被告可能有罪，也可能無罪，整個案件充滿了疑點，大家應該坐下來好好談談，畢竟涉及了一條人命。這種溫和的反對是很有效的，在上廁所的時候，7號對8號說：「你對軟性行銷很精通。」

在雙方1比11票僵持不下的時候，8號以主動退出下一輪投票來化解僵局，他提出匿名投票的方式，只要有一個人支持他，那麼大家就必須坐下來好好討論。於是在第二輪投票時，8號得到了9號的支持，從而引發了之後一系列的討論。

投票方式決定著一個人對抗眾人時所面臨的心理壓力。當使用舉手表決的投票方式時，一個人對抗眾人的心理壓力會更大，這意味著他在眾人面前直接暴露了自己的觀點和立場，可能會成為大家攻擊和說服的對象，面臨著成為眾矢之的的危險。所以當8號提出反對並獨自一人對抗群體壓力時，他想出了一個減輕壓力的方法，提出第二輪投票採取匿

第三章 醋桶裡，泡不出甜黃瓜—情境的影響

名的方式，這樣一來凡是準備堅持被告無罪立場的人，就沒有太多的心理障礙了，不必像 8 號一樣承受來自眾人的壓力。由此可見，規則的應用方式很可能會影響決策的走向。

1 號作為主持人在整個討論過程中存在感很弱，但身為規則的維護者和執行者，他的角色有著決定性的作用，因為他可以決定使用哪種決策方式，即採取舉手表決還是匿名投票。

同時需要注意的是，舉手的順序也會在一定程度上影響決策。這是因為在從眾心理的影響下，後面的人極有可能會因為前面表決的人都支持了被告有罪而選擇支持被告有罪。首先進行表決的是 1 號，然後是 2 號，他第一次參加陪審，會很容易站在 1 號這邊，支持被告有罪，3 號因為自己與兒子關係的破裂選擇了被告有罪立場，4 號在證據確鑿的情況下選擇了被告有罪立場，這四個人的選擇直接影響了 5 號的決定，隨著支持被告有罪的人越來越多，後面的人在舉手表決時就會承受眾人的壓力。

如果投票的順序反過來，支持被告無罪的人在前期擁有多數人的支持，那麼勢必會影響後面人的表決結果，例如 5 號、2 號可能就會從眾選擇支持被告無罪立場。當支持被告無罪的人越來越多時，那些沒有充分依據證明被告有罪的支持者在進行選擇時就需要承擔很多心理壓力。

在第二輪匿名投票後，由於 9 號選擇支持被告無罪，這

意味著他們12個人要坐下來好好討論案情了。這個時候3號開始猜測是5號投了被告無罪，於是他開始攻擊5號，並說出了「貧民窟出來的沒一個好東西」的激烈言論，這導致5號自卑、敏感的內心被激發，他立刻站在了3號的對立面，即使9號主動承認是他投的被告無罪，5號和3號之間的對立也沒有消除。於是在下一輪的投票中，5號投向了被告無罪的一方。人身攻擊的言論很容易造成情感對立，會使兩個本來意見一致的人相互對立。5號出身於貧民窟，有很強烈的自卑感和防衛意識，他對自身階級的敏感導致他很容易和3號建立情感對立的關係。

在支持被告有罪的陣營中，只有4號表現出了理性的一面。像3號、10號這樣言辭激烈、帶有明顯偏見，且容易對他人進行人身攻擊的人很容易遭到眾人的反感。這會導致其他人反感被告有罪陣營，從而脫離被告有罪陣營，開始支持被告無罪。

10號在發表了一番言辭刻薄、偏激的意見後，立刻激起了眾人的反感，於是大家站起來背向了他。3號的暴躁脾氣導致他做出了一些過分的情緒化表現，給人一種無理取鬧的感覺，他將自己塑造成了一個不公正、不客觀的形象，這直接影響了被告有罪陣營的形象。此外還有7號，這個人也屬於被告有罪陣營中的人，但他一直表現出一副兒戲的姿態，招來了眾人的反感。

第三章　醋桶裡，泡不出甜黃瓜—情境的影響

　　在這 3 個人的影響下，4 號不論分析得如何有邏輯，都會導致眾人對被告有罪陣營產生不好的印象和感受，會覺得站在被告有罪陣營中，自己平等、被尊重的需求不會得到滿足。於是眾人很容易被 8 號所表現出的負責態度所吸引，8 號從始至終都在講事實、講道理，十分尊重其他人的選擇，自然會得到眾人的認同，認同之後他們就會發生立場的轉變。

第四章 身心不可分
——生理狀況與性格

第四章　身心不可分──生理狀況與性格

影響我們心理的大腦

　　喬治是一名 19 歲的男孩，患有嚴重的強迫症，尤其對細菌有著病態的恐懼，每天的時間和精力都消耗在洗手和洗澡上。他也知道自己不應該這樣做，但他就是無法控制自己，老是覺得自己身上有細菌，於是只能不停地去洗手、洗澡。喬治的強迫症已經嚴重影響到了自己的生活，他無法安心學習，只能退學。後來他找到了一份工作，可是由於強迫症，沒做多久他就被辭退了。

　　為了擺脫強迫症，喬治只能去看精神科醫生。經過一年多的治療，喬治的強迫症狀沒有得到任何緩解，反而陷入了深深的憂鬱之中，他越來越覺得自己無法擺脫強迫症。他的主治醫師說：「這孩子已經憂鬱到了極點，任何措施都無法緩解他的病情。」

　　有一天，喬治對媽媽說：「我現在活得太痛苦了，我寧願去死。」許多強迫症患者的親人和朋友由於無法理解強迫症患者的痛苦，經常會指責他們，認為他們是在無理取鬧，喬治的媽媽也是這樣。因此，當她聽到喬治這樣說時只丟下一句話：「如果你真的那麼痛苦，就去死吧。」媽媽的這句話讓喬治徹底崩潰，他決定不再抗爭。

某天，喬治趁著家裡沒人時來到地下室，他拿著一把手槍抵住自己的上顎，然後開了槍。喬治本以為自己會徹底解脫，但他沒有死，那顆子彈正好卡在了他大腦的左側額葉上。之後，喬治被緊急送往醫院進行搶救。醫生取出了喬治大腦內的彈殼，但一些子彈碎片卻留在了喬治的大腦內，那些子彈碎片的位置太深，醫生害怕強行取出會對喬治的大腦造成二次傷害，只好作罷。

之後的三週，喬治一直留在醫院接受觀察。很快，喬治就發現自己的強迫行為消失了，他不再頻繁洗手和洗澡。醫生在掃描檢查喬治的腦部時發現，喬治的大腦除了有槍擊的外傷外，並沒有其他嚴重的損傷。醫生還對喬治進行了智力測試，結果發現他的智力正常，這次槍擊並沒有影響到他的智力。

從那以後，喬治就過上了正常的生活，他回到學校繼續讀書，高中畢業後考上了大學。在大學裡，喬治的成績非常優秀。

喬治的強迫症會奇蹟般的痊癒，得益於那顆子彈卡住的位置，正好破壞了引發他強迫症的大腦部位。也就是說，他等於進行了一次病灶切除手術。

在強迫症的治療上，90% 的患者會透過抗憂鬱藥物和行為療法擺脫強迫症。但也有少數強迫症患者像喬治一樣，不論怎麼治療都無法擺脫強迫症，於是手術成了他們最後的

第四章　身心不可分──生理狀況與性格

選擇。一些強迫症患者在透過手術切除大腦左側額葉的一個特定部位後，會像喬治一樣，強迫症消失了。但手術切除是一種迫不得已的治療方式，有極大的風險，手術效果有好有壞，很少有強迫症患者會冒險接受手術切除。像喬治這樣的情況極其少見，機率極低，就連之前負責治療他的精神科醫生在聽說該事後也驚呆了。

大腦是每個人心理活動的生理基礎，大腦的各個部位與人的心理息息相關，例如遭受腦損傷會使一個人性格大變。在上述案例中，喬治之所以出現病態的強迫行為，是因為他大腦左側額葉一個特定部位出現了異常，因此當他自殺時子彈意外破壞了那個部位後，他的強迫行為也就消失了。當然，並不是所有的腦損傷患者都能像喬治這麼幸運，絕大部分的腦損傷患者的遭遇往往比較悽慘，基本不可逆的腦損傷會對他們的精神帶來巨大傷害，讓他們原本正常的生活脫軌。例如著名的蓋奇（Phineas Gage）的案例，他工作時被鋼筋穿透頭顱，事後他雖然活了下來，卻從一個認真負責的人變成了一個無法控制自己情緒、行為的人，為此他失去了工作。

研究者們早就注意到了大腦對人類心理的重要影響。有的研究者為了研究大腦某個部位對人的心理、情緒的影響，會透過手術切除實驗動物大腦中的某個部位，然後觀察他們的反應和行為。除了腦損傷外，腦刺激也是研究者經常使用

的一種研究方法，具體做法是往動物或人的大腦中植入電極，然後用放電的方式刺激大腦，從而觀察被試會出現什麼反應。腦刺激的實驗更能說明大腦對人的心理的重要影響。

一名患有帕金森氏症的女性患者在醫生的建議下，往大腦裡植入了一塊電極。醫生本來的目的是希望透過腦刺激控制患者的病情，卻意外發現大腦中的一個特殊區域會使人產生憂鬱的情緒，這個區域位於左側黑質的中央區域。

當醫生透過放電對該區域進行刺激的時候，本來很冷靜的患者開始做出右側傾斜的姿勢，很快她忍不住哭泣起來：「我現在很難受，我什麼也不想看到、不想聽到，我不想活了。」起初醫生以為腦刺激讓患者感到了疼痛，於是就問她：「妳為什麼會哭，是不是覺得疼痛？」患者回答說：「不，我並沒有覺得痛，只是覺得自己受夠了現在的生活，覺得自己的人生一團糟。總之我不想活了，我討厭活著，活著一點價值也沒有，我厭惡這個世界。」

後來，醫生停止了對患者大腦的刺激。90秒後，患者憂鬱的情緒慢慢得到緩解，最後完全消失了。5分鐘後，患者變得很快樂，她開心地笑了起來，甚至還和醫生開起了玩笑，一點也沒有剛才那種憂鬱的情緒。

大腦與人的心理密切相關，一個人的心理、行為會因為大腦結構和化學變化而發生改變，腦損傷、腦刺激、藥物都可以深刻影響一個人的心理。

第四章 身心不可分——生理狀況與性格

管理著恐懼的杏仁核

2014 年 12 月，美國德克薩斯州大學研究室丟失了 100 個浸泡在福馬林溶液中的大腦樣本，其中一個大腦樣本來自世界臭名昭彰的狙擊手查爾斯・惠特曼（Charles Joseph Whitman）的頭顱。1966 年 8 月 1 日，惠特曼在美國德克薩斯州大學的一座建築的頂層，用一把半自動步槍向人群開火，射殺了 13 人，導致 31 人受傷。

1941 年，惠特曼出生於一個富有的中產階級家庭中。老惠特曼教育孩子的方式簡單粗暴，只要孩子不聽話就會對他拳腳相加，為此惠特曼十分憎恨父親，長大後經常與父親發生衝突。為了離開父親，惠特曼 18 歲那年加入了海軍陸戰隊。

在海軍陸戰隊中，惠特曼十分努力，表現得很出色，尤其是在射擊方面，讓教官留下了深刻的印象。不久，出色的惠特曼獲得了海軍陸戰隊頒發的獎學金，支持他去德克薩斯州大學學習機械工程，將來可以轉為技術軍官。

沒有了父親和軍隊的嚴格管束，惠特曼的人生開始偏離正軌，他先是因非法獵鹿被警方逮捕，後來又因欠下賭債和黑幫發生了衝突。除了惹麻煩外，惠特曼的成績也不好，這

導致海軍陸戰隊對他的成績一直很不滿。1961 年，惠特曼結婚了，婚後惠特曼的成績有所提高，惹麻煩的次數也變少了。但惠特曼的成績依舊讓海軍陸戰隊不滿，於是在 1963 年 2 月，惠特曼接到通知，海軍陸戰隊取消了他的獎學金，他需要重新回到部隊服役。

惠特曼在部隊的表現不錯，獲得了一次升遷的機會，但他因為賭博和非法持有非軍用手槍被告上了軍事法庭，被判處 30 天監禁和 90 天勞役，到手的升遷機會也因此失去。他無法繼續待在海軍陸戰隊，便在 1964 年 12 月退役。

退役後的惠特曼不甘心，他認為自己不能被這一系列的失敗擊垮，他希望自己能盡快振作起來，於是他回到了德克薩斯州大學繼續就讀，想要取得學位，這次他改學建築工程。惠特曼學習很努力，還經常利用課餘時間去打工。

漸漸地，惠特曼發覺自己的精神狀態不對勁，他經常感到厭倦和焦躁，於是他去看了醫生，醫生給他開了一些處方藥。這些處方藥可以暫時緩解惠特曼的焦躁情緒，但有一定的副作用，會對他的記憶力產生影響，因此不論惠特曼如何努力學習，他的成績一直不好。

1966 年，惠特曼的母親和他的父親離婚後，搬來和他一起居住。從那以後，惠特曼變得越來越焦躁，他只能去看心理諮商。有一次，惠特曼和諮商師談話的時候告訴對方，他經常被一些古怪、非理性的想法所困擾，比如他想帶著步

第四章 身心不可分──生理狀況與性格

槍爬到德克薩斯州大學的塔樓上,像獵鹿那樣射殺行人。每當這樣的想法出現在惠特曼的腦海中時,他往往需要付出巨大的努力才能擺脫這種想法,並將自己的注意力集中在課業上。

1966年7月31日,惠特曼決定將腦海中的想法變成現實,之後他開始冷靜地擬定計畫、實施計畫。首先,惠特曼寫了一封遺書:「我已經厭倦了這個世界,我不想讓妻子和母親繼續留在這個世界上受苦。我過去經常會出現許多古怪的想法,我也不知道自己為什麼會有想要殺人的念頭。我希望我死之後,你們可以對我的屍體進行解剖,看看我是不是有什麼明顯的生理缺陷。經過慎重思考之後,我決定殺死我的妻子,就在今晚我接她下班回家之後。我明明深愛著她,她是一個很稱職的妻子,任何男人都會想要擁有一個像她這樣的妻子,但我就是想殺死她,儘管從理智上我找不到任何要這樣做的理由。」

當天晚上,惠特曼先來到了母親的公寓,用刀殺死了她。8月1日凌晨時分,惠特曼回到了自己的住所,殺死了妻子。早晨,惠特曼打電話給妻子和母親的公司,說她們身體不舒服,需要請一天的病假。惠特曼說話的語氣和聲音與平常一樣,沒有絲毫慌亂,自然也沒有引起懷疑。

之後,惠特曼開始整理武器,他將兩支步槍和兩把手槍放在了行李箱內,然後去周圍商店裡又買了兩把槍。回家

後，惠特曼將裝滿槍支的行李箱放到了自己租來的一個小推車上，推著推車來到了德克薩斯州大學的校園內。

11點30分，惠特曼來到了校園的一個安全檢查點。他拿出了自己的研究助理證，說自己要送設備到實驗大樓，工作人員允許他在大樓內停車40分鐘。5分鐘後，惠特曼拉著行李箱來到了塔樓，這座大樓有27層，建在小山丘上，是全城的制高點。最高層是個觀景臺，每年都有許多人來這裡遊玩，站在觀景臺上眺望整座城市。

惠特曼拖著行李箱來到最高層後，拿出一把槍來到了觀景臺的接待室中，這裡有值班的接待員，惠特曼決定先把接待員處理掉。惠特曼用槍托用力擊打接待員的腦袋，他以為接待員昏迷了，就將她拖到了沙發後面，事實上接待員當時已經死亡。

來到觀景臺後，惠特曼看到了一對夫妻，他們當時正在觀光，惠特曼還和他們聊了幾句。在他們離開後，惠特曼就將桌子挪到了接待室的大門前，用桌子頂住門，阻止其他人來此觀光。這時，有6名遊客從樓梯走了上來，他們發現接待室的大門被堵住後，就合力將門推開，惠特曼發現他們後立刻拿著槍衝過來，一番掃射下，2人死亡，2人受傷，另外2人成功逃脫。

之後，惠特曼返回觀景臺，將推車留在接待室內。接下來他開始向周圍掃射，許多中彈者根本不知道子彈從何而來

第四章　身心不可分──生理狀況與性格

就被擊中了。人們聽到不大的槍聲後，看到有人倒地，開始四處逃竄。警方接到報警電話後立刻趕來，但警方也不知道射擊者在什麼地方。十幾分鐘後，幾名警察被擊中，其他的警察開始覺察到子彈是從城市的制高點射過來的，有人在塔樓上進行射擊，於是開始向塔樓方向還擊。

惠特曼所在的地理位置有很大的優勢，他利用觀景臺周圍的排水口進行射擊，導致警方根本無法擊中他，而且惠特曼所使用的槍支火力極強，現場的警方甚至誤以為那裡不止有一個射擊者。很快，人們都知道德克薩斯州大學發生了槍擊案，周圍的警察紛紛趕來支援，熱心市民也拿著槍向塔樓射擊。

一架警方的輕型飛機在經過一番勘察後確認，塔樓上只有一名射擊者。另外幾名警察悄悄爬到了頂樓，他們先看到了倒在血泊中的4個人，然後發現接待室的門被堵著，用力打開大門後，他們進入了接待室。僅僅透過窗戶他們無法發現射擊者，於是只能用力將觀景臺的門打開。兩名警察一邊匍匐前進一邊根據槍聲確定射擊者的位置，很快他們就在觀景臺的北側發現了惠特曼。其中一名警察開槍擊中了惠特曼，惠特曼倒地之時，另一名警察立刻上前對惠特曼進行近距離射擊，惠特曼當場被擊斃。

在當時的美國，由於受到反戰運動的影響，各地發生了一系列的暴力殺人案件，而這起塔樓槍擊案則是其中的代表

管理著恐懼的杏仁核

性案例。從那時起,各地警察局的負責人開始意識到警方裝備的不足,警方需要建立特殊武器與戰術分隊,專門處理塔樓槍擊案之類的暴力殺人案件。

如惠特曼所願,他死後醫生對他的屍體進行了解剖,發現他的確有著明顯的生理缺陷——他的大腦右半邊中有一個惡性腫瘤,而這個腫瘤恰好長在杏仁核附近。

杏仁核,又名杏仁體,顧名思義,它的形狀大小如同杏仁核一樣,是大腦底層的一個腦組織。它是大腦管理情緒的中心,是影響恐懼和焦慮的重要組織,對恐懼、焦慮情緒控制有著十分重要的作用。

與許多科學發現一樣,杏仁核的發現完全是一個意外。1930 年代,美國芝加哥大學的神經科學家克魯爾和布西為了研究致幻劑麥司卡林的功能,透過手術切除了一隻恆河猴的雙側顳葉,其中包含杏仁核。

很快,兩人就發現這隻恆河猴出現了許多異常行為,牠不再有恐懼的情緒,會嘗試吃一些無法食用的東西,例如糞便和尿液。克魯爾和布西還注意到,恆河猴在看到蛇的時候絲毫沒有表現出害怕,甚至還將蛇抓起來往嘴裡送,要知道人類和猴子對蛇這種危險動物有著天然的恐懼。之前牠還懼怕人類,只要看到陌生人就會蜷縮在角落裡,現在牠會對著人又抓又摸,好像對待一件普通的玩具一樣。通常情況下,恆河猴在和曾欺負過牠的強壯恆河猴相遇時,會躲得遠遠

第四章　身心不可分——生理狀況與性格

的,但現在牠會主動靠近,好像一點也不怕挨揍。

克魯爾和布西還在其他的恆河猴身上進行了同樣的切除手術。結果這些恆河猴都出現了無法感知危險和恐懼的情況,牠們依然能分辨食物、同類等事物,但就是無法分辨危險。

恐懼情緒對所有動物,包括人類在內,是至關重要的一種情緒,關乎著我們的生死存亡。像快樂這樣的積極情緒通常比較難得,因為快樂容易使一個人忘乎所以,對周遭的一切盲目樂觀,在遠古時期,如果人們總是處於快樂情緒中,就會對周圍喪失警惕,很容易淪為野獸的口中餐,因此快樂的情緒是比較「奢侈」的。而恐懼情緒則是必需品,人如果沒有恐懼,往往容易招致死亡,因為它會使人喪失趨吉避凶的本能。

當一個人身處某種情境中時,他的大腦會對該情境進行評估,從而判斷自己即將要面對威脅還是獎勵,這個時候杏仁核在其中的作用就十分重要。當他感覺到了威脅時,他會焦慮和恐懼,出現血壓和心率升高、出汗、豎起汗毛、瞳孔擴大的現象,這個時候他會做出戰鬥或逃跑的反應。在這種杏仁核被啟用的狀態下,一個人往往很難控制自己的情緒和行為。但當他覺得自己已經遠離了危險,周遭環境變得安全時,他的杏仁核就不再那麼敏感,理智開始發揮作用。

如果杏仁核反應強烈，那麼該條件反射就會形成記憶，帶來永續性的刺激，使杏仁核輕易發生強烈的反應，而這段記憶會長期儲存在當事人的大腦中。因此，觸動當事人強烈情緒反應的事件會讓他留下長期的記憶，這個記憶會一直影響他，乃至終身。例如一個人遭遇了車禍，出現了創傷後壓力症候群，那麼這段經歷會在他的大腦中留下深刻的印象，他的杏仁核也會一直處於活躍的狀態，每當他聽到煞車聲時，他的杏仁核會立刻產生強烈的反應，讓他表現出驚恐發作的情緒，做出逃避的行為。

杏仁核的正常反應使我們遠離危險，過度反應則會使我們深陷恐懼之中而無法自拔，那麼杏仁核沒有反應時會怎樣呢？當一個人的杏仁核出現損傷時，他的恐懼感會喪失，如同上述實驗中的恆河猴一樣，同時還會伴隨著情感冷漠的表現，例如製造槍擊案的惠特曼。

惠特曼的杏仁核上的那個腫瘤導致他產生奇怪的衝動，他經常覺得煩躁，不會恐懼，且情感冷漠。當惠特曼想要殺死妻子和母親時，他沒有覺得恐懼、不忍，他也知道妻子是一個好人，對他很好，他不應該殺死她。但他就是有殺人的念頭，他的這個念頭和動機已經完全和情緒感受脫節了。他在殺人的時候沒有什麼情緒感受，因為他無法理解自己的殺人動機，如同他自己說的──「我找不到任何要這樣做的理由」。

但絕大多數槍擊案的製造者，通常是帶著滿腔的憤怒和

第四章　身心不可分──生理狀況與性格

憎恨去射殺受害人的,例如美國歷史上嚴重的惡性校園槍擊案製造者趙承熙,他之所以製造槍擊案,是帶著強烈的憤怒所進行的報復,因為他覺得自己從未融入美國人的生活中,還經常遭到同學們的嘲笑。

　　此外,杏仁核的反應程度和一個人的性格密切相關。例如一個性格內向且不擅長社交的人看到陌生人的圖片時,他的杏仁核的反應強度就比外向的人更強烈。

情緒感受與我們的決定

　　小田是一名 20 歲的女性，從 3 歲起就開始出現異常行為，隨著年齡的增長，她的異常行為越來越多。她一直沒有穩定的工作，因為她總會做出違反工作規定的行為；她對未來沒有什麼計畫，也不想工作賺錢，經常遭遇財務危機，無法獨立生活，不得不依靠父母的幫助。

　　小田成長於一個正常家庭中，她的家庭生活舒適且穩定，父母也沒有任何神經或精神疾病的病史，她的妹妹在成長過程中一直很正常，不論青少年期還是成年期都未像小田一樣出現過異常行為。從小田 3 歲起，她的父母就發現她對語言和身體懲罰無動於衷，對所犯的錯誤也絲毫沒有悔改之意。

　　進入青春期後，小田的成績普通，而且經常無法按時交作業，還不遵守學校的校規，頻繁與同學發生衝突。後來小田開始出現暴力行為，她的父母不得不將她送進療養院。小田無法與人好好相處，她會對人說髒話、動粗，還經常說謊。此外，小田還有偷東西的毛病，多次因為在商店、其他人家裡行竊而被逮捕。小田從來不會因自己不當的言行而悔恨，也從來沒有罪惡感，對他人沒有絲毫同情心，反而總是怪罪其他人為自己帶來痛苦。

第四章　身心不可分——生理狀況與性格

　　小田很小的時候就開始出現危險性行為了。18 歲時，小田懷孕了。後來小田將孩子生了下來，但她顯然不是一個合格的母親，對孩子的需求並不敏感。在父母的帶領下，小田接受了一系列的治療，例如行為管理、精神藥物治療等，但這些治療對她都沒有任何作用，她依舊因為異常的言行而難以融入社會。

　　最後，小田的父母懷疑女兒的異常言行可能與一次意外有關。那時小田只有 15 個月大，那次意外事故導致她腦部受傷，但在住院治療後她看起來就完全康復了，之後身體也沒有出現什麼異常，直到 3 歲時父母才發現她的行為與其他孩子不同。

　　在父母的帶領下，小田來到醫院接受了腦部斷層。檢查結果顯示，小田的前額葉受損。她的腦部受傷事件雖然發生在幼年，但所造成的傷害並未恢復，她的腦損傷與成年後前額葉受傷的病人十分相似。

　　前額葉受損的人都會出現異常的社會行為，他們的許多情緒和相對應的情緒感受會喪失，無法表現出同理心、羞愧或罪惡感，根本意識不到自己的言行違反了道德和法律，常常出現衝動行為，很少會考慮後果。

　　歷史上，最著名的前額葉受損的案例是蓋奇，他在一次意外爆炸事件中被一根細鐵棍穿過了前額葉。蓋奇雖然在那次意外事故中活了下來，卻像上述案例中的小田一樣變得十

分衝動,難以控制自己的行為,常常做出錯誤的行為。從這兩個案例中可以看出,前額葉與人的自控力密切相關,而情緒感受會影響一個人的自控力。例如我們為什麼不會去偷竊、對他人進行身體攻擊或辱罵呢?是因為這些行為會使我們產生罪惡感這種不好的情緒感受,因此我們可以控制自己,避免做出這樣的行為。但前額葉受損的人卻無法自控,因為他們的情緒感受已經因為前額葉的受損而被剝奪,除了憤怒之外,他們很難產生其他情緒感受。

當我們決定做某件事的時候,尤其這件事涉及道德時,那麼我們的決定會在一定程度上依賴於情緒感受,例如道德兩難的問題。

電車難題:假設有一列電車沿著鐵軌飛馳而來,前面的軌道上有 5 個人,你有一個拯救他們的機會,那就是拉下改變列車軌道的操縱杆,這樣一來列車就會朝著另一條軌道行駛,但這條軌道上也有一個人,這樣一來火車就會壓死這條軌道上的這個人,那麼你是否會拉下操縱杆?

天橋難題:假設你站在天橋上看到一列電車沿著軌道飛馳而來,軌道前方站著 5 個人,如果電車繼續行駛,這 5 個人都會死。現在你有一個選擇,你可以將一個身體強壯的陌生人推下天橋,讓他的身體阻止電車繼續前進,那麼你是否會將他推下去?

救生艇難題:假設你和 5 個人坐在一艘救生艇上,由於

第四章 身心不可分——生理狀況與性格

救生艇上的人太多了，救生艇有沉船的危險。這時，如果你將一個人推下水，那麼整艘救生艇上的人都會獲救，救生艇也不會再繼續往下沉。試問，你覺得把一個人推下救生艇的做法是否正確？

醫院難題：假設你是一名外科醫生，你知道有 5 位病人正在等待器官移植，而且每位病人需要移植不同的器官，他們的情況十分危險，如果不盡快接受器官移植手術，他們很快就會死去。這時，護士告訴你一個消息，醫院來了一位病人，他的各項要求正好和那 5 位等待器官移植的病人相吻合，她還建議說殺死這個人，用他身上的器官去救其他 5 個人。試問，你是否會同意？

這 4 個道德兩難的問題從邏輯上來看，都是透過殺死一個人拯救 5 個人，論理上來說人們應該做出相同的選擇，但事實上並非如此。人們更容易接受電車難題中殺死一人拯救五人，而在天橋難題和救生艇難題中，很少有人會同意用一個人的生命換取其他 5 個人的生命；在醫院難題中，幾乎不會有人同意殺死一個人來為其他 5 個病人進行器官移植。之所以會出現這樣與邏輯推理完全不同的結果，是因為我們在做出決定時會受到情緒的影響。

在電車難題中，選擇拉下操縱杆的結果會使一個人失去生命，卻換來了另外 5 個人的生還，雖然拉下操縱杆相當於間接殺人，但相較於直接動手，這種情況使我們在情感

上比較容易接受。天橋難題和救生艇難題，尤其是救生艇難題，獲救的人還包括自己，這種由自己親手去推一個人下天橋（水）的殺人行徑，相較於電車難題更令人難以接受，因此很少有人會同意。而醫院難題則是直接讓醫生違背職業道德去殺人，我們更難接受，所以結果是幾乎不會有人同意這麼做。

我們不願意直接傷害一個人，是因為我們會對此產生一種強烈的情緒感受，覺得他人因為自己的行為而死亡是無法接受的，這種情緒感受會使我們做出自認為對的決定。而對於前額葉受損的人來說，這4個道德難題中，不論是電車難題還是醫院難題，他所做出的決定只有一個，那就是犧牲一個人去拯救五個人，因為他在做這個決定的時候不會有情緒感受。

一個前額葉受損的人經常會出現衝動的行為，當面臨選擇時，因為沒有羞愧、恐懼等情緒感受，他會快速地做出決定。例如上述案例中的小田，當她在商店裡看到某件心儀的商品而她又沒有錢購買時，她就會輕易地做出偷竊的行為，因為她不會因偷竊而產生羞愧的情緒感受。當她被抓住後，她才意識到自己原來做了一個錯誤的決定。這種衝動行為與正常人的衝動行為不同，並非情緒化，因為他已經感受不到情緒了。

一個前額葉受損的人除了生氣外，幾乎喪失了表達其他

第四章 身心不可分——生理狀況與性格

情緒的能力，他感受不到快樂、悲傷，似乎沒有什麼事情能讓他開心、傷心。他知道什麼行為是符合社會原則的，會使他得到人們的讚揚，而有些行為不符合社會原則，會為他帶來麻煩。可是他不會因為得到別人的稱讚而高興，也不會因受到懲罰而難過、愧疚，遵從社會原則對他來說失去了意義，所以他會輕易做出一些違反社會規原則的事情。

在社會化的過程中，我們會了解社會規則，並將該規則內化。每當我們決定做出某種行為時，我們都會考慮這樣做會為自己帶來什麼樣的好處和情緒感受，從而做出一個最有利的決定。情緒感受有助於我們做出正確、有利的決定，但有時也會干擾我們做出正確的決定。例如當你駕駛著一輛車行駛在路上時，突然車輛行駛到了一處打滑的冰面上，這個時候你會感到恐懼，然後下意識地踩煞車，企圖扭轉方向盤遠離冰面，但這樣只會讓結果更糟糕。而對於一個沒有情緒感受的前額葉受損的人來說，他恰恰會做出正確的決定——把腳從油門處挪開，然後扭轉方向盤，讓車沿著打滑的方向行駛。

在上述案例中，像小田這樣在嬰兒時期前額葉就遭受了損傷的人，通常更容易出現衝動行為，因為她在成長過程中無法學習道德行為，道德教育對她來說絲毫沒有作用，她的父母在這方面應該深有體會。她從童年起就出現了許多異常行為，例如偷竊、說謊、對他人進行身體攻擊和辱罵，而且從來不會感到內疚。

對於一個沒有情緒感受的人來說，對他進行社會化教育是不可能成功的，他永遠無法融入社會，不會有朋友，也無法長期持續地從事某項工作。對於一個人來說，情緒感受十分重要，可以幫助我們在做決定的時候達到利益最大化和損失最小化，也就是做出最正確的決定，而前額葉受損的人不僅會喪失一部分重要的生活經歷，還會喪失決策的能力。

第四章　身心不可分──生理狀況與性格

外向性與多巴胺

電影《睡人》(*Awakenings*)的主角倫納德是一個患有強直性昏厥症 —— 嗜睡性腦炎的病人，在紐約市布朗克斯區一家醫院接受治療。這種病的症狀與帕金森氏症和腦癱相似，流行於 20 世紀初，有不少病人因此喪生，倖存下來的病人會陷入沉睡的狀態，他們毫無知覺，好像植物人一般。但是不同的是，他們又具有行動能力，對外界的一些刺激會產生反應，例如拋球的聲音。

馬爾科姆·塞爾是一個有著醫學理想、熱情工作的優秀醫生，但同時，他還是個性格羞澀、不善表達且感情內斂的人。來到倫納德所在的醫院後，馬爾科姆和同事埃莉諾很快發現這些昏厥症患者並非毫無知覺，有些東西、刺激會或多或少地喚醒病人的意識，例如丟球聲、某種特定類型的音樂等。

馬爾科姆在注意到倫納德後，想要更深入地了解他，於是就去拜訪了倫納德的母親，她告訴馬爾科姆，倫納德患病前是一個很愛讀書的人。後來，馬爾科姆發現他可以透過手部與倫納德溝通，他將倫納德的手放在一個板子上，透過倫納德的動作來猜測他拼寫出什麼詞語，這可以使他與倫納德

外向性與多巴胺

進行簡單的溝通。倫納德的這種情況使馬爾科姆更加希望能找到一種新藥，幫助包括倫納德在內的強直性昏厥症患者回到現實生活中。

有一次，馬爾科姆應邀出席當地一所大學的報告演講，一份左旋多巴藥物在患帕金森氏症患者中試驗成功的報告，讓馬爾科姆想到了自己的病人。他覺得這種藥物可能會對昏厥病患者的病情產生突破性的作用，於是他想要在病人身上試用新藥左旋多巴。馬爾科姆先將這個想法告訴給了埃莉諾，埃莉諾鼓勵他試一試。

馬爾科姆決定首先在倫納德的身上試試。試驗的結果很成功，左旋多巴將倫納德從昏厥症中喚醒，他完全變成了一個正常人，開始學著如何適應新的生活。與此同時，馬爾科姆正在努力為其他患者爭取左旋多巴藥物的治療，他需要申請資金捐助，還需要和患者的家人簽署治療同意書。

左旋多巴是一種可以使大腦多巴胺含量上升的藥物，患者們在這種藥物的幫助下重新感受到了自己的正向情緒、動機，開始對周圍的環境、與人的交往充滿了興趣。但很快，左旋多巴的副作用出現了，包括倫納德在內的患者們開始出現狂躁的表現。他們很難平靜下來，容易激動，總是與人發生爭吵，而且還會出現一些怪異的舉動，例如倫納德在與人爭吵時，他的面部和身體會開始抽動，他很難控制自己不做出這樣怪異的行為。

第四章 身心不可分——生理狀況與性格

在倫納德看來，他是一個自由人，有自由活動且獨自出行的權利，而且他與一個名叫寶拉的女孩建立了戀愛關係，他希望自己能陪著寶拉外出遊玩。寶拉的父親和倫納德一樣患有昏厥症，她經常到醫院看望父親。倫納德被喚醒後很快注意到了寶拉，他會趁著寶拉來醫院探望父親時主動接近她，花時間和她在一起，於是兩人慢慢成了戀人。

在醫院看來，倫納德是一個特殊的病人，他的人身自由應該受到限制。於是倫納德與醫生以及醫院的工作人員的關係越來越惡劣，他經常與他們發生衝突，想要反抗他們對自己的限制。隨著左旋多巴藥物的影響，倫納德開始變得越來越狂躁，經常與人發生衝突，就連他的母親也覺得兒子的狂躁令人難以忍受，她甚至指責馬爾科姆讓她的兒子性格大變。

後來，倫納德開始出現抽搐的症狀，每當他非常激動的時候，他的全身就會開始痙攣且難以控制，而且他很容易激動，即使散步時也會突然抽搐起來。昏厥症的患者們看到倫納德的情況，開始擔心起自己來，他們害怕自己會變得像倫納德一樣無法控制地抽搐起來。倫納德則向馬爾科姆要求，將他抽搐的樣子都拍攝下來，他希望能將此用於研究，幫助到其他人。

在狂躁過後，倫納德等昏厥症患者開始出現重度憂鬱的症狀，就好像躁鬱症患者一樣。顯然這與左旋多巴密不可

外向性與多巴胺

分,這種藥物使患者的多巴胺分泌系統出現了異常,在將患者喚醒後,令患者處於亢奮的狀態中,之後變得憂鬱。在陷入重度憂鬱之後,倫納德等人再也沒有亢奮過了,他們開始擔心自己會重新昏睡下去。倫納德決定在昏睡之前好好地與寶拉告別,他和寶拉共進了最後的晚餐,然後他告訴寶拉,他以後無法再見到她了。最後倫納德勉力支撐身體站起來,但仍控制不住地抽動著,寶拉則慢慢地和他跳起了舞,當作告別。當倫納德回到自己的病房後,他就再次陷入了昏睡,不論使用多大劑量的左旋多巴,都無法喚醒他了。其他的患者也和倫納德一樣,在對昏厥症的恐懼之中慢慢再次陷入了沉睡。

沉睡之前,倫納德對馬爾科姆說了這樣一段話:「開始,我認為左旋多巴是世界上最美妙的東西,我感謝你把它帶給了我,為我帶來了生命力。當後來副作用出現的時候,我開始覺得它是世界上最邪惡的東西,讓我感到恐懼。最後我接受了整個症狀,這三年來我學到了很多。之前我處於昏睡狀態中,覺得自己好像被關在了這個身體裡,但後來在左旋多巴的幫助下我打開了捆綁自己的鎖鏈,我煥發了活力,但最終我還是要回到自己的身體裡,無法像正常人那樣生活。正常對我們來說已經不可能了,每一次醒來,都是上天的恩賜。能夠控制自己的身體,就是生命給予每個人最大的自由。」

在這部電影中,馬爾科姆醫生的原型是英國倫敦著名腦

第四章　身心不可分──生理狀況與性格

神經學家奧利佛・薩克斯（Oliver Sacks），而這部電影就是根據他的同名回憶錄改編的。奧利佛透過觀察病人寫了好幾本暢銷書，在他的書中記載了許多患者的經歷，有些患者的疾病雖然無法治癒，但他們都在用不同的方式改善自己的病情。

關於昏厥症的記述，最先出現在 1917 年，之後蔓延到世界各地，凡是患上這種病的人會像雕像一樣，不能動也不能說話，不過後來這種病又迅速消失了。1966 年，奧利佛在貝斯亞伯拉罕醫院工作期間接觸到了一些昏厥症 —— 嗜睡性腦炎的倖存者，奧利佛在倖存者身上試用了新藥左旋多巴。

左旋多巴這種藥物可以使我們大腦中的多巴胺含量上升，而多巴胺則是一種神經遞質，有著「快樂賜予者」的稱號，在大腦控制身體行動的內部機制中有著十分重要的作用，而且涉及大腦對行為做出獎賞的反應機制。當我們因自己做出的某種行為而獲得了愉悅感，這種愉悅感就是由多巴胺產生的，於是當我們下次再做出這種行為的時候，就會預期自己能得到愉悅感的獎賞，如果我們的確再次得到了愉悅感，那麼這種行為就會成為一種習慣。例如有的人吃甜食會有愉悅感，那麼每當他知道自己即將吃到蛋糕時，他的大腦中就會自動分泌多巴胺。總之，當我們預期自己的某種需求和渴望得到滿足後會有愉悅感時，多巴胺就會激勵我們採取行動去滿足這種需求和渴望。

多巴胺主要負責激發，使我們感受某種行為帶來的快

樂。也就是說，多巴胺為我們提供了追求目標的動力以及實現目標後所帶來的滿足感。研究顯示，當一個人擁有較高的多巴胺含量時，他會更願意努力完成目標。而較低的多巴胺含量則會使一個人只願意完成一些簡單的小目標。

在我們的大腦中，紋狀體和內側前額葉皮質是獎勵和動機的關鍵區域，如果這些區域有更高含量的多巴胺，就表示這個人是一個積極進取的人，會傾向於付出更多的努力來完成目標。而那些懶惰的、不願意花精力做事的人，他的腦島則會有較高的多巴胺含量，而這個區域負責自我意識、感知。

多巴胺這種神經傳導物質可以使一個人在短時間內的情緒產生很大的波動。當一個人在藥物的作用下分泌出過多的多巴胺時，他就會立刻變得快樂，甚至是亢奮起來，例如電影《睡人》中的倫納德，他在左旋多巴的藥物作用下促使自己體內分泌出了過多的多巴胺，從而使自己清醒過來。

此外，多巴胺還會影響一個人的性格。每個人體內的多巴胺平均含量有著個體差異，而這種差異往往與性格特點密切相關，例如有的人總是很快樂，他體內的多巴胺平均含量可能就高於常人，而有的人很難快樂起來，他體內的多巴胺平均含量可能就偏低。而憂鬱症患者的多巴胺平均含量可能是很低的，所以才導致他對周遭的一切失去了興趣。總之，多巴胺與外向性（健談、合群）、衝動性（樂觀）這樣的性格特點密切相關。

第四章 身心不可分──生理狀況與性格

小腦異常導致認知功能障礙

敏敏和丈夫老劉前往大都市打拚，在經過幾年的辛苦努力後，他們終於在當地有了屬於自己的家。後來敏敏懷孕了，在懷孕 5 個月時，她有段時間心情異常煩悶，所幸一段時間後，敏敏的煩躁感消失了。後來她生下了一個足月的男孩，她為兒子取名叫樂樂。由於敏敏和丈夫每天要忙著工作、賺錢，樂樂 1 歲半時，他們就把樂樂送進了家附近的托兒所。

樂樂 2 歲時，被父母接回了家。老劉開了一家燒肉店，不用每天按時上班，於是就承擔起了照顧樂樂的責任。但老劉每天忙著照顧生意，沒有時間和樂樂玩耍、交流，只是將樂樂安置在店的一個角落裡，還往樂樂的周圍堆放了許多零食和玩具。

樂樂 3 歲時，老劉和敏敏考慮該將兒子送去幼兒園了。不久，幼兒園的老師就向他們反映，樂樂和其他的孩子相比起來顯得很怪異，他從不和其他的小朋友一起玩耍，總是獨自一人待著，就算老師主動與他交流，他也無動於衷，老師建議敏敏最好帶著孩子去看看醫生。其實，敏敏早就注意到了兒子的異常，她發現樂樂在一個人獨處時最快樂，他從來

不會緊跟著敏敏，即使敏敏上班離開家時樂樂也不會哭鬧，每當敏敏下班回家時樂樂也不會覺察到。他喜歡一個人玩，周圍的人對他似乎一點影響也沒有，他不會對其他人產生反應，視線更不會轉移到他人身上。當時敏敏每天忙著工作，就沒把這件事放在心上，現在聽老師反映的情況，才意識到了事情的嚴重性。於是，老劉和敏敏就帶著樂樂去了醫院，檢查後醫生告訴他們樂樂患有自閉症。

　　自閉症患者的主要表現有：語言發展遲緩、社交障礙、興趣狹窄和重複或侷限行為，這些表現直接導致了患者的社會功能受損，尤其是他們的語言缺陷導致他們無法與正常人溝通，所以他們往往會被正常的人際關係所隔絕。有的自閉症患者就連父母也不能走進他們的世界，例如上述案例中的樂樂。

　　樂樂滿足於一個人獨處的狀態，每當敏敏想要擁抱他時，他都不會給出任何回應。就算家裡有人來訪，也不會引起樂樂的注意。他絲毫不會留意他人，與任何人都沒有視線接觸，別人再怎麼快樂、放聲大笑都與他無關，他好像封閉在自我的硬殼之中。老劉和敏敏也試圖打開樂樂的心扉，他們會邀請朋友和鄰居的孩子來家裡玩耍，但樂樂對新同伴毫無興趣，看都不看他們一眼。樂樂總是一個人玩玩具、玩遊戲，他一個人的時候顯得最快樂，每當有人想要介入他的遊戲時，樂樂就會表現出極大的恐慌與憤怒。

第四章　身心不可分──生理狀況與性格

之後,樂樂開始表現出語言發育障礙和刻板行為。樂樂在與父母交流時,通常只會使用幾個固定的詞語,而且無法區分人稱代詞,不論什麼情景和場合中都只會用「你」,例如當樂樂脫下自己的鞋子時,他會說:「你的鞋子脫了。」此外,樂樂每天還有許多強迫、刻板的儀式行為,比如每次睡覺時都需要母親發出睡覺的命令,否則他就不會去睡。樂樂很喜歡反覆地按照同樣的方式蓋積木,甚至連排列的積木哪一面朝上,他都得嚴格遵守,他有自己蓋積木的規則和順序,不可打亂。

自閉症的形成原因十分複雜,目前為止還在研究中,但有許多研究者傾向於認為自閉症的形成與小腦功能障礙密切相關。小腦的主要作用是調節認知、語言、記憶等方面的功能,尤其在調節運動的敏感性上有著十分重要的作用。此外,小腦還能對運動、語言、認知和記憶等方面的資訊進行快速的加工整理,與額葉的資訊加工系統密切配合。

小腦與額葉在資訊加工方面的搭配運作,可以使我們的大腦快速、準確地進行高級認知活動。如果小腦發生異常,例如出現損傷、細胞發育不全或細胞增生等,我們的語言、認知、記憶等功能就會出現異常,即使我們的額葉完好,也只能保證語言、認知、記憶等功能沒有完全喪失,但會使這些功能的準確性和反應速度出現問題。這就是為何自閉症患者會出現言語發育障礙、社交障礙、興趣狹窄和刻板行為等

問題,因為他們的小腦機能出現了障礙,直接導致他們的認知功能出現了障礙。

除了小腦異常外,自閉症患者的其他大腦部位也有明顯的異常,例如邊緣系統。他們的邊緣系統結構之間連線得太過緊密,與正常人明顯不同,看起來好像沒有發育成熟。

由於小腦異常,自閉症患者會出現許多症狀,例如知覺失調、強迫行為、注意力不足等,但這些都不及心理功能缺陷所帶來的影響大。心理功能的缺陷會使自閉症患者完全沉浸在自己的世界當中,無法與其他人產生互動,不懂得猜測對方的想法,尤其缺乏模仿的能力。

在一個人成長的過程中,模仿成人是一項十分重要的能力。當一個嬰幼兒和他的父母進行遊戲時,他會模仿父母的動作,並和父母產生互動,例如跟著父母學習蓋積木;還會透過模仿來學會如何與他人進行互動,例如觀察父母說話的方式以及面部表情、身體語言等,學會用一些動作或面部表情以及說話的語氣來表達自己的情緒,同時透過觀察對方的動作、表情和語氣來揣測對方的心思。但自閉症兒童不會這樣做。

這種正常人天生就具備的模仿能力,自閉症患者需要在經過一番艱苦的訓練後,才有可能初步掌握,學會笨拙地與他人進行互動,可是大部分自閉症患者依舊無法精確把握對方所流露出的表情及其代表的情緒意義。例如動物學博士天寶葛蘭汀(Temple Grandin),一位著名的自閉症患者,她一

第四章　身心不可分──生理狀況與性格

直都在努力學習、練習如何與他人進行交流、互動。

電影《星星的孩子》(*Temple Grandin*)就是根據葛蘭汀的真實經歷改編的。葛蘭汀很小的時候就表現出了自閉症的傾向，她很少說話，也很少與人進行交流，每當被人擁抱時，她就表現得極其不自然，會拚命掙扎著脫離對方的懷抱。

在電影中，葛蘭汀的母親受過高等教育，當得知自己的女兒患有自閉症時，她很難接受，因為她還有一個孩子，那個孩子就很正常，但為什麼葛蘭汀會患上自閉症呢？醫生告訴她，自閉症的成因至今還不清楚，極有可能是先天性的，醫生還建議她最好將葛蘭汀送進福利機構。葛蘭汀的母親沒有同意，她參加了一個為言語障礙兒童設立的治療方案，這個方案雖然並非為治療自閉症而設立，卻對葛蘭汀產生了一定的治療作用。在母親的努力下，葛蘭汀學會了說話和閱讀。5歲時，葛蘭汀被母親送進了幼兒園，葛蘭汀開始和正常兒童相處。在上小學時，由於母親和老師的幫助，葛蘭汀融入了同學之中。

到了青春期，葛蘭汀開始出現很多情緒問題，不過在周圍人的幫助下她漸漸適應了新的學校生活，也學會了如何與同樣處於青春期的同學們相處。在她看來，這種相處方式與她之前所學會的與兒童相處的方式完全不同。

葛蘭汀將自己所獲得的成功歸功於她的母親，母親在她

的生命中扮演了十分重要的角色,是她的堅持治療和教育,使得葛蘭汀漸漸適應了正常人的生活,並最終獲得了動物學博士學位,成為一名動物學家。

在女兒剛被診斷為自閉症的時候,葛蘭汀夫人一直很痛苦且不解,但事實上,葛蘭汀會患上自閉症有一定的遺傳因素。在葛蘭汀的家族中,她的父系、母系親族中都有人患有憂鬱症、焦慮症、驚恐發作的不安症狀。例如葛蘭汀的祖母有輕度憂鬱症,對聲音十分敏感;她父親的家族中有人表現出自閉傾向——脾氣暴躁、刻板、極端不安等。

有研究者認為,遺傳因素是導致自閉症出現的主要原因。一項雙胞胎兒童的調查結果顯示,如果雙胞胎的一方患有自閉症,那麼另一方患有自閉症的機率將會是 60%。而且在同卵雙胞胎兒童中,如果一方患有自閉症,那麼另一方患有自閉症的機率將遠遠高於異卵雙胞胎兒童。

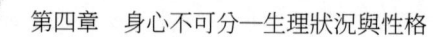

第四章　身心不可分—生理狀況與性格

第五章　被削弱的勇氣
——自卑情結

第五章　被削弱的勇氣─自卑情結

擺脫自卑，追求優越感

伊麗莎白是《傲慢與偏見》(*Pride and Prejudice*)中的女主角，她來自一個鄉紳家庭，家中有5個姐妹，她排行第二。她雖然沒有姐姐簡長得漂亮，但活潑、聰明、富有智慧，深受父親的喜愛。

按照當時的長子繼承制，伊麗莎白和她的姐妹們並不能繼承家產，如果她們的父親班奈特去世了，他的財產則會由家族內的姪子繼承，到那個時候她們姐妹的生活會變得更困難，要不仰人鼻息，要不就被趕出家門。所以班奈特太太急切地想為女兒們找到好的歸宿，當她得知新搬來的鄰居賓利是個有錢有勢的貴族之後，立刻按捺不住了，想要找個機會將女兒介紹給他，正好賓利準備舉辦一個舞會，並邀請了班奈特家的5個姐妹。

舞會上，急切的班奈特太太立刻將大女兒簡介紹給了賓利，賓利對美麗的簡一見鍾情。除了賓利這個黃金單身漢外，賓利的朋友達西也是舞會上的焦點，他不僅長相英俊，還擁有幾座莊園，家產雄厚。但出身富貴的達西是個傲慢無禮的人，他覺得在場的女士都透露著粗俗，不配成為他的舞伴。當賓利向他介紹簡的妹妹伊麗莎白時，達西淡淡地說

道:「她長得還可以,但還沒能引起我的興趣。」本來,伊麗莎白對達西很有好感,但達西的這句話嚴重傷害了伊麗莎白的自尊心,她決定不再理睬這個傲慢無比的男子。

後來,達西被伊麗莎白的活潑可愛、聰明智慧所吸引,慢慢喜歡上她。但他覺得她的母親和姐妹舉止粗俗、無禮,還勸說賓利放棄和簡結婚,他懷疑簡並非真正鍾情於賓利,只是看上了賓利的家產。在達西的勸說下,賓利不辭而別去了倫敦,簡十分傷心,只能苦苦等待賓利回來。這件事讓伊麗莎白對達西更加反感。

當達西終於鼓起勇氣,不顧門第和財富的差距,向伊麗莎白告白時,伊麗莎白卻因為對他的誤會和偏見而拒絕了他,達西只能傷心離去。其實伊麗莎白也很傷心,她內心深處愛慕達西,想要答應他的求婚,卻又無比討厭他的傲慢。

第二年夏天,伊麗莎白跟隨舅舅外出,偶然間來到達西的莊園,這時的達西已經不再那麼傲慢,成了一位彬彬有禮的紳士,對待伊麗莎白等人很熱情,這讓伊麗莎白放下了對他的偏見。這時,伊麗莎白接到家裡的來信,信中說她的妹妹麗迪亞和一個男人私奔了。這種家醜讓伊麗莎白覺得難堪不已,唯恐達西會看不起自己。意外的是,達西在得知消息後,幫助伊麗莎白找回了妹妹。至此,伊麗莎白完全放下了對達西的偏見,最後有情人終成眷屬。

伊麗莎白深知自己與達西的身分地位有著很大的差距,

第五章 被削弱的勇氣—自卑情結

但她並沒有放棄自己的自尊,刻意迎合,而是在達西面前表現得不卑不亢。這種自身尊嚴上的優越感來自伊麗莎白對自己智慧的自信。她是一個愛讀書、愛思考的人,與母親和其他姐妹不同,她擁有獨立的思想,知道自己想要什麼樣的生活。因此當面對達西的傲慢時,伊麗莎白覺得自己的優越感受到了傷害,為了維護自己的優越感,伊麗莎白拒絕了達西,她曾經說過:「他(達西)是紳士,而我是紳士的女兒。」伊麗莎白的言外之意是,她與達西之間儘管存在門第和財產的懸殊,但追根究柢他們在精神層面都是平等的,達西應該收起他傲慢的態度。

每個人都在追求優越感,雖然我們很反感一個人在自己面前展現他的優越感,但不得不承認,追求優越感是人的社會屬性之一。優越感可以讓我們顯得與眾不同,可以維護我們的自尊,正如奧地利心理學家阿爾弗雷德·阿德勒(Alfred Adler)說的:「但凡有些成就的人,都在追求屬於自己獨有的那種優越感,它與生命的意義相關,這種意義不單單浮於表面,還展現在一個人的生活態度和生活模式上。」

每個人都有自卑心理,只是自卑的程度因人而異,正因為自卑,我們才會去追求優越感,想要努力做到更好,以補償自己的自卑心理。也就是說,我們想要追求優越感,是因為我們感到了自卑,想要透過完成富有成就的目標來克服自卑感。自卑與優越感看起來截然相反,事實上密切相關,是

同一種心理現象的兩個方面。

伊麗莎白之所以拒絕達西，是因為她被達西所表現出的優越感傷害到了，英俊多金的達西讓她感到自卑，所以當達西說雖然她的家世配不上自己但自己還是不可自抑地愛上了她時，這些話並沒有使她感動，反而刺激到了她，伊麗莎白為了維護自己的優越感直接拒絕了達西。在伊麗莎白看來，她與達西之間是平等的，她並不卑微，她有自己獨立的思想，有屬於自己的優越感，如同她說的那句話：「一個女人的驕傲可能來源於她的美麗，但一個女人的本錢，卻來源於她的學識。」

自卑感會使一個人陷入脆弱感和彷徨感之中，為了擺脫這種糟糕的感覺，他會去尋找一個目標，並透過自己的努力達成這個目標，最後獲得優越感，優越感可以證明他擁有超乎常人的能力，值得被尊重。在《傲慢與偏見》中，伊麗莎白總是捧著一本書，與其他不怎麼讀書的女孩子相比，她顯得很特別，這也恰恰是她的優越感所在。她或許沒有姐姐簡漂亮，但一定比簡有學識、有思考能力。達西會被伊麗莎白所吸引，就是因為伊麗莎白與他所認識的女孩不同，伊麗莎白有屬於她自己的驕傲和本事。

優越感與自我價值密切相關，它使我們自愛，了解自己是與眾不同的一個人，知道自身的價值所在，在面對人生的每一次選擇時會更加慎重。伊麗莎白的優越感使她明白自己

第五章 被削弱的勇氣──自卑情結

是一個值得被愛的人,不應該去刻意迎合達西,這使得伊麗莎白得到幸福的機率大大增加。

身為一種社會性動物,我們會將自己與他人進行比較,當我們意識到自己與他人存有差距時,就會感到自卑,覺得自己不如別人。這個時候,我們就會給自己一種心理暗示:「我的能力不如別人,我為自己的弱小感到羞愧。」

當自卑感產生的時候,不同的人會有不同的反應。有的人會利用這種自卑感,為自己制定一個目標,透過不斷的努力來縮小與優秀者的差距,從而獲得優越感。有的人則會選擇另一種方式,他會將這種自卑感深埋心底,不輕易展現出來,甚至會排斥和厭惡這種感覺。久而久之,自卑感就會轉化成心理問題,自卑感不再是他追求優越的動力,反而成了他前進道路上的絆腳石,讓他異常害怕失敗和他人的非議。

適當的自卑感會促使我們對優越產生渴望,從而努力突破現狀。但如果自卑感太過強烈,反而會使我們陷入病態的追求中。如果一個人非常自卑,那麼他就會十分渴望獲得優越感,他在為自己制定突破自卑感的目標時,往往不會考慮自身情況,所制定的目標遠遠超出自己的能力,甚至會幻想自己成為一個上帝般的人物,得到所有人的仰望,而這是根本無法實現的。

自負是一種常見的補償用力過猛的心理現象。一個人深

陷自卑心理時，對自我價值充滿了懷疑，不相信自己能夠獲得成功，但為了逃避自卑帶來的不適感，他又會做出努力來改變現狀，只是這種努力並非用在實際行動上，而是將自己偽裝得比任何人都優秀，從而掩飾內心的自卑感，開始用自負來偽裝自己。

自負的人為了證明自己很強大，會故意用語言貶低他人、拉抬自己，總是表現出一副高傲的樣子，並企圖用高傲的姿態來迫使他人屈服於自己，從而使自己獲得暫時的滿足感。每當他刻意貶低他人來顯示自己的強大時，他實際上是在用語言和心理暗示的方法激起對方的自卑感，讓對方陷入自卑的不良感受中，從而達到襯托自己高傲姿態的目的。與適當自卑的人不同，自負的人在擺脫自卑時所做的努力只是表面功夫，他只是將自己內心的自卑偽裝起來，從而產生一種獲得優越感的假象，他的強大就如同紙老虎一般一戳就破。而適當的自卑感會使一個人追求真正的優越感，獲得真正的強大。

第五章　被削弱的勇氣──自卑情結

自卑是追求卓越的原動力

《功夫熊貓》(Kung Fu Panda)中的阿波是一隻憨態可掬的大貓熊，他生活在山明水秀的和平谷中。和平谷裡住著一群武林高手，阿波是谷裡少有的不會武功的居民。他的父親鵝阿爹經營著一家麵館，一心想要將神祕的私釀祕湯的配方傳授給阿波，然後讓阿波繼承麵館。

阿波雖然在父親經營的麵館裡工作，卻夢想成為和平谷裡功夫第一的絕頂高手──神龍大俠。每天除了工作和吃麵外，阿波最喜歡做的事情就是做白日夢。在白日夢裡，阿波不再是又胖又遲鈍的貓熊，而是戰無不勝的神龍大俠，仗劍走天涯，從未遭遇敵手，谷裡的人對他又敬又畏，即使是神州大地上最英勇的勇士「蓋世五俠」，也心甘情願地拜倒在他的腳下。當然，這個夢想對阿波來說幾乎沒有實現的可能，因為他只是一隻好吃懶做的貓熊，再平凡不過。

龜大仙是和平谷裡偉大的宗師，他在這裡隱居多年。最近龜大仙有了一種不祥的預感，和平谷很可能要迎來一場腥風血雨，關押在黑牢中的大惡魔殘豹極有可能會突破困住他的黑牢，一旦他自由了，必定會來和平谷尋仇。於是龜大仙決定召開武林大會，選出一名習武奇才，由他親自教導武功，去對抗

殘豹，將大惡魔殘豹永遠趕出和平谷。谷裡的居民十分看好谷中的五大高手——悍嬌虎、猴王、俏小龍、靈鶴和快螳螂。

有著大俠夢的阿波自然不會錯過如此熱鬧的比武大會，得知消息後立刻準備占好位置觀摩。但阿波身材太過肥胖，笨手笨腳的他在路上耽誤了許多時間，等他趕到武林大會的現場時，已經錯過了很多好戲。就在龜大仙宣布獲勝者的時候，阿波陰差陽錯地掉進了現場。然後阿波這個觀眾莫名其妙地被龜大仙看中，他將要接受一番訓練，然後和殘豹一決生死。

谷內的五名高手在得知這個戲劇性的結果時，表現出了不同的態度。正直、勇敢的悍嬌虎將阿波看成一個笑話；頑皮且熱心腸的猴王則覺得即將有場好戲看了；優雅自信的靈鶴對阿波很是同情；嫵媚多姿的俏小龍則沒有明顯的態度，似乎在觀望事態的發展；快螳螂一邊無奈於阿波的笨手笨腳，一邊暗中幫助阿波練習武功。被龜大仙要求教導阿波的功夫大師在得知阿波不會武功的事實後，雖然很無奈，但覺得這是天意，只好接受了阿波。對他來說，在短時間內將一個除了做麵條之外什麼都不會且笨拙的貓熊訓練成一個絕頂的武林高手，將是他人生中的一大挑戰。

功夫大師雖然是一代宗師，有一身的好功夫，卻有一個一直無法釋懷的心結。大惡魔殘豹曾是他的得意門生，卻從他這裡偷走了《神龍祕笈》。從那以後，功夫大師就變得沉默寡言起來。

第五章 被削弱的勇氣—自卑情結

剛開始練武的阿波表現得非常笨拙，功夫大師開始對他絕望，就去找龜大仙，希望能換個徒弟，但龜大仙不同意，他認為阿波一定能成為武林高手，只是得有人努力將阿波的潛能挖掘出來。在一次練武時，功夫大師意外發現了阿波的潛力，之後，功夫大師開始使用特別的教學方式，總算完成了龜大仙交代的任務，短時間內將阿波訓練成了一個武功高手。

不過，功夫大師一直沒有放下心結，他覺得殘豹是自己的徒弟，就應該由他來清理門戶。於是功夫大師交給阿波武功祕笈後，就讓他和其他五個高手帶著和平谷的居民先行逃離，他決定自己對付殘豹。

阿波在逃亡的過程中打開了祕笈，令他吃驚的是祕笈竟然是空白的，什麼也沒有。後來阿波從父親那裡得知，家裡根本沒有什麼祖傳的祕方，他們家的麵之所以好吃，是因為麵本身味道好，這才是他們家真正的祕方。父親的這番話令阿波想起了師父送給自己的那本空空如也的武功祕笈，他忽然明白，根本沒有什麼祕笈，空白祕笈想要表達的意思是練武的最高境界是突破自我。於是阿波決定不再逃亡，回去幫助師父擊敗大惡魔。

大惡魔殘豹為了復仇已經等了 20 年，本以為會等來一個勢均力敵的高手，沒想到等來的卻是一隻看起來很笨拙的大貓熊。在兩人的打鬥中，阿波利用功夫大師傳授給自己的招

式以及自己對武功的領悟,終於戰勝了殘豹,為山谷帶來了新的和平。

阿波這隻完全不懂武功的貓熊最後會成為武林高手,這是谷裡所有居民都沒有想到的,恐怕連阿波也沒有想到自己有一天真的成了一個武林高手。當初,他為什麼會有這樣不切實際的夢想呢?阿波在麵館裡工作,按照鵝阿爹的說法,將來阿波是要繼承麵館的,而且阿波還是和平谷裡少有的不會武功的居民,以阿波所面臨的現狀,他的夢想不應該是成為武林高手,這太不切實際了。阿波之所以如此痴迷於武功,如此渴望成為武林高手,與他的身世密切相關。

沒錯,鵝阿爹不是阿波的親生父親,他只是阿波的養父。在阿波小時候,貓熊家族遭遇了一場滅頂之災,他的許多同胞都慘遭殺害,他的父母在慌亂之中與兒子失去了連繫。後來鵝阿爹在一個蘿蔔籃裡發現了小阿波,於是將小阿波帶回家撫養。

阿波幼時遭遇的滅頂之災對他來說勢必是一場創傷經歷。他差點被仇人殺害,這除了讓他感到恐懼外,還使他產生自卑,這種自卑來源於他的弱小,如果他是一個武林高手,可能就能阻止這場災難。所以阿波渴望自己能夠變得強大,強大到成為「神龍大俠」,成為一個被所有人景仰的大俠。

在一個人成長的過程中,當他意識到了自身的缺陷和弱小時,他就會產生自卑感,為了擺脫這種令人不適的感覺,他

第五章　被削弱的勇氣—自卑情結

的內心深處會產生一個目標，一個讓自己變得強大、優秀的目標，從而彌補自身的缺陷和弱小。通常情況下，他會尋找一個他所知的強大人物作為榜樣，崇拜他，並將他視為人生偶像，渴望能成為像他那樣的人。阿波雖然不會武功，卻一直將「蓋世五俠」視為自己的榜樣，他甚至產生了想要超越「蓋世五俠」的想法，由此可見，阿波想讓自己變得強大這個想法是多麼強烈。一旦阿波變得強大後，他就不用擔心自己會遭受幼年時期的那種恐懼、不安，他不僅可以避免遭受欺負、殺害，還可以幫助他人，成為一個懲惡揚善、造福一方的大俠。

　　心理學家阿德勒認為，如果一個人意識到自己存在某方面的缺陷，那麼他的內心就會產生一個克服這個缺陷的目標或理想。也就是說，彌補缺陷會成為一個人的奮鬥目標，會促使他超越自己所面臨的現狀，從而克服當前的困難。我們內心所產生的目標和理想，會成為我們克服困難的動力，因為我們會事先想像自己達成目標和理想後的樣子和感受。例如阿波會想像自己成為「神龍大俠」後受人敬仰、無所畏懼的英雄模樣，所以即使他不會武功且一開始被認為毫無天分，也會堅持練武，最終在功夫大師的教導下成為武林高手。

　　阿德勒所創立的個體心理學的主要理論就是自卑與超越，這與他的個人經歷密切相關，他的人生相當勵志，就是一個不斷超越自卑、追求優越的過程。因此，他認為自卑感是一個人追求卓越的原動力。

阿德勒出生於一個富裕的猶太家庭，他的父親是一個富商。但阿德勒的童年過得並不快樂，他在家中6個孩子中排行第三，從小體弱多病，患有佝僂病，直到4歲才學會走路。5歲那年，阿德勒差點死於肺炎。當時阿德勒在一個男孩的帶領下去溜冰，那是一個寒冷的冬日，後來男孩拋下阿德勒獨自去玩，阿德勒只能自己跌跌撞撞回家。回家後，阿德勒就病倒了，並感染了肺炎，當時醫生都認為阿德勒活不了了，但他幸運地戰勝了死神。

這些不幸的經歷使阿德勒對自己的身體狀況產生了自卑感，他渴望戰勝自卑，成為一個擁有健康體魄的人，於是醫生成了他心目中的榜樣和目標，他認為醫生可以幫助人們戰勝疾病和死亡，所以他立志成為一名醫生。可是，當時阿德勒的成績並不理想，他的老師並不看好他，就連父母也勸他放棄，但阿德勒堅持了下來，並憑藉著頑強的意志，努力學習，獲得了優秀的成績。最終阿德勒在自己的不懈努力下終於達到了目標，成了一名醫生，後來還成為一名著名的心理學家。他從自卑走向了超越。

自卑與超越的例子十分常見，例如古雅典雄辯家狄摩西尼（Demosthenes）。狄摩西尼天生有口吃的毛病，而且嗓音微弱，但他立志要成為演說家。在當時的雅典，一個人想要成為演說家，除了要富有辯才外，更重要的是必須聲音洪亮，發音必須清晰，這些特質狄摩西尼都沒有。為了達到成為雄

第五章 被削弱的勇氣—自卑情結

辯家、演說家的目標和理想,狄摩西尼付出了超越常人數倍的努力,進行了異常刻苦的學習和訓練。

最初,當狄摩西尼當眾發表演說時,聽眾根本不買他的帳,總以發音不清、論證無力的理由將他轟下講壇。狄摩西尼並未氣餒,他開始刻苦讀書學習,光《伯羅奔尼撒戰爭史》(*History of the Peloponnesian War*)就抄寫了8遍。為了克服口吃和氣虛的毛病,他虛心向當時著名的演員請教發音的方法,為了改變發音,將小石子含在嘴裡朗讀,迎著大風和海浪講話。在經過數年的努力後,狄摩西尼這個口吃的人終於成了雅典著名的雄辯家和演說家。

人人都渴望完美,但沒有誰的人生是完美無缺的,有缺陷且意識到自己的缺陷就會出現自卑感。任何事物都有兩面性,有消極的一面,也有積極的一面,自卑感也是如此。自卑感消極的一面會使人逃避困難,不再有勇氣戰勝自己的缺陷;自卑感積極的一面則會促使我們奮發圖強,變得更加優秀,這其實是補償心理在發揮作用。

自卑感背後的補償心理會使我們戰勝自己的缺陷,甚至超越缺陷。例如狄摩西尼這個有口吃毛病的人,明明不適合演講,曾因為演講受到人們的嘲笑,但他透過自己的努力彌補了口吃的缺陷,完成了追求卓越的目標。

當自卑發展成自卑情結

蓋茲比，一個出身貧寒的暴發戶，靠著販賣私酒起家。有錢後的蓋茲比每天晚上都會在他的豪宅內舉辦大型宴會，宴會極盡奢侈，賓客們可以在這裡整夜狂歡，花園、跳臺、游泳池、兩艘小機動船，都免費開放，轎車和房車被當成公共汽車一樣地接送客人；各種水果、酒水、食物應有盡有。蓋茲比這樣揮金如土，是為了吸引一個女人的注意，這個女人是他的前女友黛西，他想透過夜夜笙歌這種方式吸引黛西主動來到這裡參加聚會。

年輕時，窮小子蓋茲比與漂亮的富家女黛西相識相戀。在第一次世界大戰爆發後，蓋茲比成為一名普通士兵去往歐洲戰場參戰。不久之後，蓋茲比就得知了黛西結婚的消息。黛西嫁給了一個富家子弟湯姆，從那以後黛西就成了蓋茲比的一個心結。黛西之所以離開蓋茲比，並不是因為他去參戰，只是因為他是一個窮小子，配不上她，蓋茲比自然也知道。因此他的心底留下了深深的自卑情結，這種自卑讓蓋茲比特別看重金錢和地位，他不計一切想要變成富人，想要擠進黛西所在的上流人士的圈子，為此甚至做起了販賣私酒這樣的非法生意。

第五章 被削弱的勇氣─自卑情結

　　有錢後,蓋茲比決定徹底擺脫自己寒微的出身,他編造了一連串關於自己的神祕傳說,他告訴人們自己出身於貴族,畢業於頂尖大學,還是戰場上的英雄。在鄰居尼克來拜訪蓋茲比時,蓋茲比是這樣介紹自己的:「我是中西部的一個富家子弟,全家都過世了,只剩下我自己。我在美國長大,在英國牛津大學接受教育。我家的祖輩都在牛津大學接受教育,這是我們的家族傳統。」富家子弟尼克知道蓋茲比在說謊,不過他並未拆穿。後來蓋茲比向尼克講述了自己的愛情故事,尼克聽後很感動,於是決定幫蓋茲比牽線,因為蓋茲比的心上人黛西正是尼克的遠房表妹。

　　蓋茲比如此在意這段感情,除了因為他愛黛西外,更重要的是為了證明自己,這是一種自我肯定。蓋茲比因為貧窮而失去黛西,或者說從他一開始和黛西談戀愛時,他就被自卑感所困擾。黛西的離去使他形成了自卑情結,於是他必須得用財富和成功來努力證明自己,從而獲得優越感。

　　自卑感來源於比較心理,有時是有意識的比較,有時是無意識的比較。當我們發現自己某方面比別人強時,我們就會產生優越感,相反則會產生一種比不上的低價值的感受。例如很多人在小時候都會被父母拿來和其他孩子進行比較,等成年後,他們的性格雖然已經形成且穩定,父母也很少再拿他們和別人進行比較了,但他們自己卻會不自覺地開始和其他人比較,例如比較長相、身材、身高、學歷、工作等,

以此衡量自己和別人的優劣。

自卑是一種再正常不過的心態，每一個人身上都有自卑感和追求優越感這兩種心態。我們總會與他人進行比較，總會因不如別人而感到自卑，每當感到自卑時，我們就會去追求優越感。也就是說，我們會去追求優越感就是因為我們感到了自卑。在追求優越感的過程中，我們會透過自己的努力克服自卑感。

心理上的自卑是我們每個人都要面臨的問題，我們會因自卑而感到緊張，想要努力擺脫自卑。因此自卑感雖然會為人帶來不好的情緒感受，但在一定程度上能夠成就一個人，促使一個人完善自己。

但如果自卑感太過強烈，那麼自卑情結就會出現。自卑情結是一種過度、反常的自卑心理，在自卑情結的影響下，一個人會迫切需要得到心理補償和滿足，這種迫切的心理會成為一個人追求成功道路上的絆腳石，還會削弱一個人戰勝困難和自卑的勇氣。

蓋茲比在自卑情結的影響下，迫不及待地想要獲得財富，於是他開始販賣私酒。蓋茲比透過這種非法手段得到了自己夢寐以求的財富，看起來他戰勝了自卑感，但事實上他追求優越感的需求並未完成，他沒有戰勝自卑，反而失去了戰勝自卑的勇氣。於是他謊稱自己出身貴族且畢業於名校，他害怕承認自己出身寒微，因為他覺得這樣會被人嘲笑、看

第五章 被削弱的勇氣—自卑情結

不起。所以他在自己有錢後在豪宅裡舉行奢侈的宴會，他在吸引黛西的同時，也在向所有人炫耀自己的財富。

黛西，一個美麗的富家千金，她性格的主要特點就是拜金和軟弱，因此她不會跟蓋茲比結婚。在和富家子弟湯姆結婚後，黛西發現婚後生活並非自己想像中那樣幸福，因為她的丈夫在外面有很多情人，她甚至因為丈夫的婚外情被發現後的輿論壓力不得不搬到紐約居住。可是來到紐約後不久，湯姆就又有了新的情人。

當尼克將蓋茲比的信轉交給黛西時，黛西立刻反悔了，於是她開始和蓋茲比約會，並經常有意挑逗蓋茲比。蓋茲比一直認為，黛西離開他完全是因為錢，黛西從始至終愛的人只有他一個，她從來沒有愛過她的丈夫。因此當黛西向他示好時，他立刻陷了進去，蓋茲比以為他會在這段感情中獲勝。事實上，黛西一直在這兩個男人中間搖擺不定，她在嫁給湯姆時，愛上了湯姆，但湯姆的風流債又使她輕易地投向了蓋茲比的懷抱。

蓋茲比為了證明黛西對自己的愛，不止一次逼迫黛西否認她與丈夫的感情，還要求黛西與湯姆離婚。蓋茲比的這種激烈行為使得黛西多次情緒失控，她只能提出與蓋茲比私奔，因為黛西軟弱的性格使她沒有勇氣面對丈夫的質問和社會輿論的譴責。所以她覺得私奔是最好的辦法，她只需要依靠著蓋茲比，好好地在某個地方享受幸福的生活就行了。

當黛西得知丈夫的新情婦是個來自底層社會的女人時，她的心情糟糕透了，於是憤怒之下開車撞死了她。事後，黛西很害怕，她向蓋茲比尋求幫助，蓋茲比決定幫黛西頂罪。當警察找到湯姆時，湯姆一邊否認他與死者的情人關係，一邊準備將禍水引到蓋茲比的身上。在湯姆的教唆下，他情婦的丈夫向蓋茲比尋仇，一槍打死了蓋茲比。

蓋茲比死後，黛西立刻轉而靠向湯姆的肩膀，像無事一樣和湯姆去歐洲旅行。黛西或許內心深處愛著蓋茲比，但她只是一個軟弱的女人，在現實面前只會選擇屈服。她所面臨的境況是，越遠離蓋茲比她就越安全，而能夠為她提供溫暖和安全的人只有湯姆。

實際上，之前湯姆在得知妻子黛西與蓋茲比約會時，立刻派人調查了蓋茲比的底細，這樣一來他就掌握了蓋茲比的軟肋。他會對付蓋茲比，並不是因為他有多愛黛西，只是潛意識裡將黛西看成是自己的一件物品，他不允許別人覬覦自己的東西。

在與蓋茲比的較量中，湯姆揭露蓋茲比只是一個出身低微的暴發戶，根本不是什麼貴族，而且並不是真正的頂尖大學的畢業生，做的生意也不光彩。蓋茲比最在意的就是自己的出身和財富，他對自己的出身一直非常自卑，當被湯姆揭開他自卑的心理傷疤後，蓋茲比不再是那個冷靜、自信的紳士，他變得暴跳如雷，情緒一度失控。

第五章 被削弱的勇氣─自卑情結

我們每個人都多多少少有一些自卑感，這種自卑感來源於我們對現狀的不滿意，為了改變現狀，我們會鼓起勇氣去努力、去克服困難。但如果一個人的自卑感特別強烈，那麼他可能會為自己設定一個更高的目標，這個目標往往脫離了實際，也就是說他根本無法或者很難實現，於是他會喪失信心，克服自卑的勇氣也會被削弱。他開始意識到自己無法改變目前的處境，於是只能說服或強迫自己憑空產生優越感，假想自己戰勝了自卑。

蓋茲比渴望融入上流社會的圈子中，他知道只有錢是不行的，那些真正的貴族根本看不上他這樣的暴發戶。於是蓋茲比編造說自己出身貴族、畢業於名校，他這樣做無異於掩耳盜鈴。他並非戰勝了自卑，而是將自卑隱藏在光鮮亮麗的生活背後，這只會讓他的自卑情結越來越嚴重。

所以當蓋茲比被湯姆戳破、嘲諷時，蓋茲比身上的紳士風度立刻消失了，他變得如野獸般暴躁。蓋茲比再一次被現實痛毆，他再次被迫明白，他與黛西屬於完全不同的兩個階層，而湯姆與黛西屬於同一階層。他開始意識到自己與黛西在一起是完全不可能的事情，他也不可能真正融入上流社會。於是蓋茲比從一個風度翩翩、自信滿滿的紳士，變成了一個脆弱的男人，他乞求黛西能理解他，能陪在他身邊。他的自卑感並沒有因為自己雄厚的財富而消失，他一直被自卑困擾著。

擺脫自卑的枷鎖

英國 19 世紀知名作家威廉・薩默塞特・毛姆（William Somerset Maugham）的代表作品《人性枷鎖》（*Of Human Bondage*）是一部半自傳小說，小說的主角菲力普是一個迷茫的年輕人，他的前半生被失望、挫折和痛苦所折磨。這些都與他的自卑情結密不可分，自卑的心理深深地根植於他的生活中。

菲力普從出生起就跛足，跛足的生理殘缺使得菲力普在特坎伯里的國王學校裡備受同學們的欺辱。那個時候，菲力普日夜向上帝祈禱，希望上帝能賜予自己和別人一樣正常的腿腳，可是上帝沒有理睬他，他的願望落空了。

菲力普自幼失去父母，伯父凱里不得已收養了他。凱里是一名牧師，一直想用自己所信仰的宗教去影響菲力普，控制著菲力普所讀的學校以及職業選擇。他希望菲力普能完全按照自己規定的模式走下去，上教會學校，在畢業後成為一名像他一樣的牧師。菲力普雖然在一個非常濃厚的宗教信仰環境中長大，卻對宗教漸漸失去了熱情，最終在他自己的爭取下，他終於擺脫了成為一名牧師的命運。

與情感冷淡的伯父不同，菲力普的伯母路易莎是一個性

第五章　被削弱的勇氣—自卑情結

格很溫柔的女人，在她的悉心照顧下，菲力普體會到了母親般的溫暖。

畢業後，菲力普不顧伯父反對，堅持到德國海森堡求學，在那裡他交了兩個朋友，分別是來自英國的海沃德和來自美國的威克斯。在這兩個朋友的影響下，菲力普開始對宗教產生了質疑。

在一個假期，菲力普回到了英國，認識了威爾金森小姐，在威爾金森小姐的挑逗下，兩人互生情愫，但他並不是真心愛戀威爾金森小姐，只是深陷性慾之中無法自拔，想要在威爾金森小姐身上滿足自己的情慾。對於這段關係，菲力普一直感到很痛苦，他想要擺脫這段關係，獲得真正的愛情。與此同時，一個名叫諾拉的女人頻頻向菲力普示好，菲力普只覺得她很親切，像姐姐、母親，這並不是他想要的愛情。當諾拉意識到菲力普不可能愛上自己後，只能傷心地離開。

之後，菲力普去了倫敦，並成為一名會計的學徒。很快，菲力普就對枯燥的生活感到厭倦，他想要到巴黎去學習藝術。在路易莎伯母的資助下，菲力普在巴黎學了兩年繪畫。在巴黎，菲力普認識了一些朋友，其中一個名叫普萊斯的小姐十分喜歡菲力普。只是，普萊斯是一個脾氣怪異且毫無繪畫天分的人，不論她對繪畫藝術投入多大的熱情，她依舊被拮据的現實生活折磨著，後來無法忍受貧困的普萊斯小

姐在自己的租屋處上吊自殺了。

普萊斯的自殺震驚了菲力普，對比著身邊熱愛藝術且生活沒有著落的同學和老師，菲力普開始思考自己是否能靠著對繪畫的熱情而生活下去，最終菲力普得出結論，他必須得有穩定的經濟收入。他知道自己在藝術上資質平平，不會有建樹，而且很少有畫家可以在有生之年僅靠著畫畫養活自己。在伯母去世後，菲力普所獲得的經濟資助一下子中斷了，他不得不開始思考現實，於是他回到了英國，並決定到父親的母校聖魯克醫學院學習醫學，從而獲得穩定的經濟收入。

在倫敦，菲力普愛上了餐廳女侍梅爾德。菲力普害怕自己被梅爾德看輕，十分在意自己跛足的毛病，在股票市場小賺了一筆錢後，他不顧風險，做了一次足部手術，好讓自己的走路姿勢顯得更自然一些。面對菲力普的求愛，梅爾德並不關心，她是一個自私自利的女人，但每當自己被人拋棄、落魄時，她就會去找菲力普幫忙，有了新歡後再將菲力普一腳踢開。

當菲力普得知梅爾德與他人在一起並懷孕後，他放棄了追求梅爾德，轉而和一名女作家談戀愛。當梅爾德被人拋棄之後，她又找到了菲力普，菲力普於是與女友分手，努力接濟梅爾德的生活。之後梅爾德愛上了菲力普的朋友哈利，又拋棄了菲力普。

第五章　被削弱的勇氣—自卑情結

　　菲力普從見到梅爾德起，就不可自拔地愛上了她，這與他對威爾金森小姐的感情完全不同，這並非一種建立在性慾層面的愛戀，而是在精神層面上的。因為愛，菲力普可以一次次地原諒梅爾德，不論她如何對待自己，還是竭盡所能地照顧梅爾德和她的女兒。

　　梅爾德不僅不珍惜菲力普對她的愛和幫助，反而仗著菲力普的愛過起了奢侈的生活。菲力普為了支應梅爾德揮霍無度的生活，就鋌而走險投資了南非礦產的股票，不幸的是投資失敗了，菲力普面臨破產，他變成了一個身無分文的人，不得不離開醫學院，到亞麻布公司開的商店打工，靠著做店員賺取微薄的收入。在菲力普破產後，梅爾德立刻離開了他，轉而投進了其他男人的懷抱。

　　後來，菲力普認識了莎莉。對於菲力普來說，莎莉是他第一次靈與肉合一的戀愛對象，而莎莉也全心全意地愛著菲力普。在伯父死後，菲力普得到了一筆遺產，這次他不再被經濟問題所困擾。在這個經濟較為寬裕的時期，菲力普萌生了去西班牙旅行的想法，這是為了他的藝術理想。於是菲力普陷入了理想與現實的兩難境地，他希望能完成自己的藝術理想，可也知道自己即將面臨建立家庭的現實，而建立家庭需要有穩定的收入，他應該利用這筆錢繼續到醫學院學習。就在這時，菲力普得知莎莉懷孕了，他果斷放棄了之前遊歷西班牙的計畫，與莎莉結婚，下定決心與莎莉開始幸福而美

好的家庭生活。他也因此得出了「生活本身是無意義的」這樣的結論。

當菲力普再次遇到梅爾德時，發現她再一次被男人拋棄，此時的她已經淪為妓女。菲力普看她可憐便收留了她，梅爾德企圖引誘菲力普，只是此時的菲力普已經不再愛她，對她的引誘無動於衷，梅爾德一怒之下離開了菲力普。後來，梅爾德在孩子病死後，再次淪落風塵。

對於菲力普來說，他陷入自卑情結中是不可避免的，他缺乏父母之愛，有身體缺陷，還生活在一個冷漠的環境中。長大後，菲力普開始嘗試擺脫自卑，努力尋求補償，例如與伯父抗爭，到巴黎學習藝術，他希望透過藝術來證明自己存在的價值。當一個人感到自卑時，他就會覺得自己的存在價值受到了威脅，就想要透過追求成功來證明自己。但藝術的道路沒有菲力普想像中的那樣容易，他在普萊斯小姐自殺後開始面對現實，於是他回到了倫敦。基於現實的考慮，菲力普開始進入醫學院學習，希望可以獲得穩定的經濟收入。這是他抗爭的失敗，他對於醫生的職業並沒有多麼在意，所以後來還萌生了去西班牙追求藝術之旅的想法。

因為跛足的身體缺陷，菲力普走起路來不如其他人那樣自如，他因此遭到了同學們的嘲弄。那時的菲力普在伯父的影響下信仰宗教，當他意識到跛足是只有自己才有的毛病時，他開始向上帝祈禱，希望能像其他人一樣擁有健康的腿

第五章 被削弱的勇氣—自卑情結

腳。對於菲力普來說，這是他內心中最根本的理想，他希望實現，當他意識到這個心願根本無法實現後，他就將這種自卑感壓抑了起來。壓抑在潛意識裡的自卑感一直困擾著菲力普，所以當他愛上梅爾德後，他就去做了具有風險的足部手術，想透過這種方式來消除跛足為自己帶來的脆弱感和羞恥感。

阿德勒在提出自卑情結的時候，將自卑分成了原生自卑和次生自卑兩種。當原生自卑和次生自卑發生糾纏的時候，當事人就會陷入自卑的惡性循環中，自卑情結由此而生。

原生自卑與一個人的原生家庭密切相關，產生於一個人的兒童時期。當兒童意識到世界上除了父母還有其他人存在時，他就會將自己與他人進行比較，於是不足感就出現了。不足感通常與一個人的個體生長發育速度落後於同齡人、貧困的家境、不當的家庭教育等方面密切相關。菲力普就因為跛足而自卑，同學們當中只有他自己一個人跛足，這是他的劣勢。

除了像菲力普這樣具有身體缺陷的情況外，最常見的導致原生自卑出現的原因是不當的家庭教育。如果一個兒童總是被父母貶低，父母總是強調他的缺點和所犯的錯誤，那麼他就會產生無助感，覺得自己是一個弱小、脆弱的人，比別人低一等。有的父母十分溺愛孩子，這種溺愛的教育方式同樣不當，它剝奪了兒童的自我存在價值，使兒童覺得自己只

能依賴別人。原生自卑是一個人最初的自卑感,會根深蒂固地存在於一個人的腦海裡。

佛洛伊德曾提出過一個自我防衛機制的理論,他將人格結構劃分為本我(人格結構的最底層,主要指先天的本能和欲望,遵循快樂原則)、自我(人格結構的中層,從本我中分化出來,主要調節本我與超我之間的矛盾,遵循現實原則)和超我(人格結構的最高層,道德化的自我,主要作用是抑制本我的衝動,監督自我,遵循道德原則)三個層次。當超我與本我之間發生矛盾時,自我防衛機制就會出現。在阿德勒看來,這種自我防衛機制也適用於自卑心理,只是用「自我保護傾向」來形容更為貼切。

當一個人與他人進行比較後發現自己的不足時,為了抵禦這種負面影響,自我保護傾向就會出現,它會幫助一個人擺脫自卑感,使一個人想像自己彌補了不足。這等同於一個虛構的目標,會為人指明努力的方向,從而減輕自卑所帶來的負面感受。例如一個人成長於一個貧困的家庭中,他因貧困而自卑,於是就想像自己將來能擁有很多財富,賺錢就會成為他的目標,他會努力獲得更多的財富,從而減輕自卑感。如果一個人在童年時期遭遇了很多創傷,例如遭受同儕的欺凌,那麼他會想像自己變成了老師或心理醫生,這樣一來他就能幫助更多和他有著同樣遭遇的孩子,這個目標會給予他戰勝痛苦和無助感的勇氣。

第五章　被削弱的勇氣—自卑情結

　　當兒童漸漸長大，成年的他開始面對很多現實問題，他或許意識到了自己沒有能力實現自己的目標，擺脫自卑的枷鎖，這時他會再次被自卑感困擾，這便是次生自卑。從小被伯父控制著的菲力普不想成為一名牧師，於是他努力擺脫伯父的控制，在伯母的資助下前往巴黎學習繪畫，他本以為憑藉自己對藝術的熱情一定能有所建樹。但現實是殘酷的，當成為知名畫家的目標落空後，菲力普開始意識到自己是一個生活沒有著落的人，他一直都在依靠伯母的資助，這與他幼年父母逝世後所感受到的無助感十分相似。

　　次生自卑會喚醒一個人潛意識裡隱藏著的恐懼感、羞恥感和脆弱感，這些負面感受都是他對原生自卑的記憶。一個沒有擺脫原生自卑困擾的人，在面對次生自卑時，很容易產生自卑情結。自卑情結會使他喪失戰勝自卑的勇氣，他會覺得無助、脆弱，覺得自己總是需要依賴別人，根本沒有能力去實現心中的理想。

　　一個受到原生自卑困擾的人會為了自我保護而為自己設定一個目標，讓自己有一個努力的方向，但當他成年後發現自己根本無法透過努力實現這個目標時，次生自卑就產生了。他重新被自卑的負面感受影響著，將自己困在了自卑情結的枷鎖裡。

　　凡是產生自卑情結的人，所經歷的打擊通常不止一次。如果一個人只經歷了一次偶然的打擊，他只會一時陷入低迷

之中，正常情況下很快就會恢復過來，他只是暫時地感受到了自卑，並不會產生自卑情結。可如果一個人從小到大經歷了無數次挫折，又經常遭受父母、老師、同學的指責和嘲諷，那麼他的自我價值感會被消磨殆盡，他也會越來越難以擺脫自卑的束縛。

陷入自卑情結的人通常會有以下幾種表現：

1. 強烈的自我懷疑和不安全感，不相信自己的能力和存在價值，為人處世時顯得害羞、懦弱且無責任心，他們不確定自己是否有能力承擔責任。菲力普會心甘情願地接受梅爾德的摧殘，就是因為梅爾德完全忽視了菲力普的需求，她不會給予菲力普那種被需要的感覺，而這恰恰是戀愛關係中所必需的。菲力普不想享受被需要的感覺，因為他不確定自己是否有能力承擔起這段戀情的責任。

2. 孤僻，從不與他人來往，從親朋好友的交際圈中消失。他們害怕和他人進行比較，因為這樣會使他們陷入自卑之中，如果不再與他人交往，就不會產生比較心理，自己也就不必被自卑感所困擾。

3. 與孤僻者相反，有的人在自卑情結的影響下會急切地渴望得到他人的關注，從而獲得自我價值的肯定。他們因為自卑情結的影響，長期被自卑感和低自尊感折磨，無法肯定自己的價值，只能依賴外界的關注，由此獲得自我價值的肯定。好萊塢動畫電影《神偷奶爸》(*Despicable Me*)中，格魯做

了許多壞事,例如惹哭小朋友、強搶漢堡等,他之所以會做這麼多惹人討厭的事情,就是想引起別人的關注。這是他自卑內心的投射,因為他小時候有個登上月球的夢想,這個夢想沒有得到母親的肯定,反而被母親一次又一次地忽視。

4. 有的人會表現得爭強好勝,他渴望用突出的表現來彌補自己內心的自卑感。因此他們會表現出比常人更強的好勝心,想要處處強過其他人,將自己偽裝成一個很優秀的人。但這只是一種偽裝而已,他的內心深處依舊充滿了對自我的懷疑。

自卑情結還可能會使一個人發展成自戀的性格。有的自戀者會表現得極其自負,他認為自己就是世界的中心,是最優秀的人,比其他人都要優秀。他希望別人能滿足他以自我為中心的自戀心理,一旦有人沒有滿足他,比如沒有給他應有的尊重,他就會變得極其憤怒,甚至會做出報復對方的行為。他在用這種極端的方式維護自己的價值,避免自卑感的出現。

另一些自戀者則會表現得十分敏感、無助、脆弱,害怕被人拒絕和拋棄,十分在意他人的看法,將他人的關注視為對自己的肯定。這種透過他人來獲得自我價值肯定的方式是很危險、很被動的。

一定程度的自卑會成為一種內在動力,促使一個人努力

取得卓越的成就，這是正常且健康的自卑心理。但自卑情結卻是不健康的，他會使一個人變得孤僻、不合群，甚至成為一個自私、以自我為中心的人。因此想要擺脫自卑情結的枷鎖，就必須從以下幾方面著手：

1. 認識到自卑也有正向的一面，自卑對人的影響並非全是負面的，自卑能為我們提供努力提升自己的動力。

2. 將原生自卑和次生自卑分開處理。首先，我們需要認知到自己還在被原生自卑影響著，這樣我們就需要好好地面對自己的原生自卑，了解到原生自卑才是導致我們低自尊的源頭。其次，我們需要明白自己目前所遭遇的失敗和挫折與童年時期的不一樣，自己並非不如人，那些挫折和失敗只是單獨存在的事件，與自我價值無關。此外，我們還要意識到自己已經成年，有機會重新對自我進行評估，這個評估必須是積極的，這樣我們才能擺脫自卑的負面影響。

3. 建立一段持久而穩定的親密關係。人類身為社會性動物，我們需要與他人進行交流，從親朋好友那裡獲得積極正面的鼓勵，他人的正面評價會使我們的自卑感得到緩解，使我們將注意力從自己的缺點上移開，轉而關注自己的優點。當一個有著自卑情結的人開始看到自己的優點時，這就意味著他開始肯定自己的價值了。

第五章　被削弱的勇氣—自卑情結

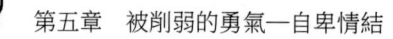

第六章
你可能也有的小「怪癖」
—— 不同性格類型

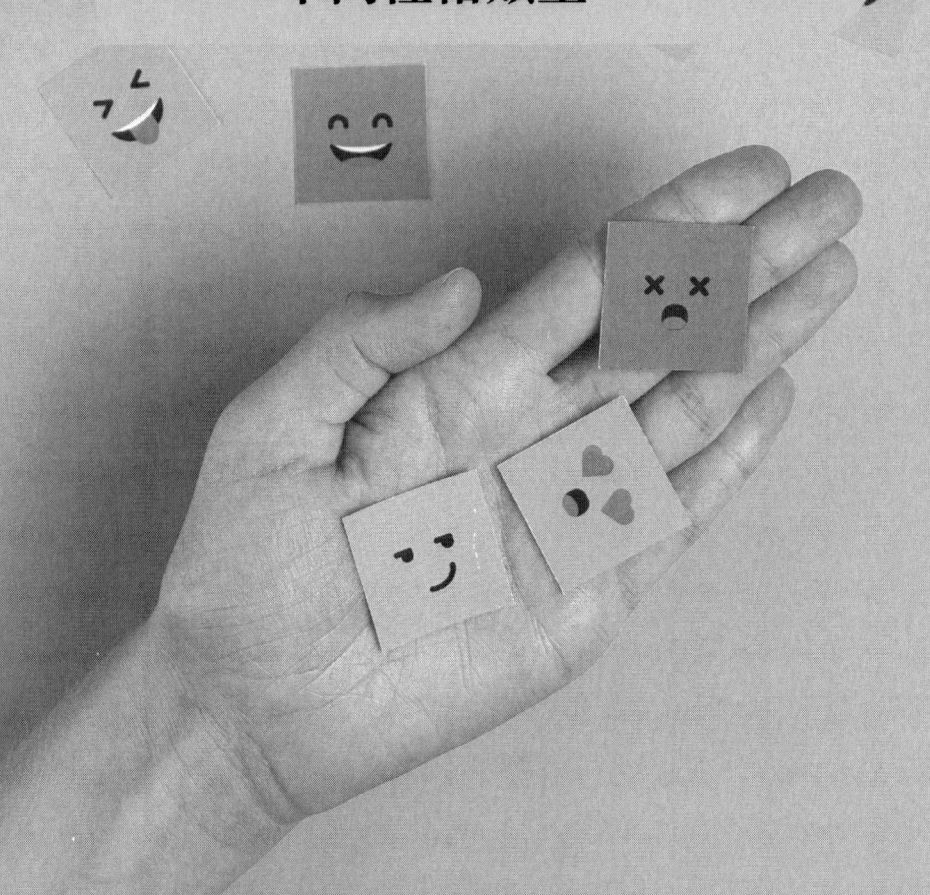

第六章 你可能也有的小「怪癖」—不同性格類型

性格中愛表演的一面

慧慧的男朋友小強是一名優秀的律師,慧慧第一次認識小強時就立刻被他非凡的魅力所折服了,他是一群朋友中最引人注目的那個人。在兩人正式確立男女朋友關係後,慧慧帶著小強去參加朋友們的聚會。聚會上,小強的能言善辯引起了所有人的注意,很快就與慧慧的朋友們打成了一片。

相處了一段時間後,慧慧漸漸發現了小強性格中愛表演的一面。他總是處於一種表演的狀態中,總想引起所有人的注意,例如當兩人和朋友們一起聚餐的時候,小強總會想盡辦法引起大家的注意,否則他不會罷休,有時候他甚至會做出一些失態的舉動,比如發火。

後來慧慧開始試著告訴小強,說他不應該總想引起別人的注意,更沒有必要因為別人不在意他而發火,別人的看法對他自己來說並不重要。聽到慧慧這樣說後,小強十分傷心,他難以接受慧慧的這種看法,他表示自己根本沒有想要吸引別人的注意,至於發火不過是一時衝動。

最讓慧慧苦惱的是,小強就連和她在一起時,也總有表演的痕跡,不論她如何努力地勸說,都無法使小強放鬆下來,她更沒有見過小強最真實的一面。和小強相處的時候,

慧慧必須時刻保持對他的關注，只要慧慧的態度稍顯冷淡或疲憊，小強就會生氣，甚至會透過裝哭來讓慧慧安慰他。最關鍵的是，小強從不覺得自己的行為方式有什麼問題，他也從來不認為自己是一個喜歡被人關注的人。

像小強這樣有做作型人格的人在生活中十分常見，他們喜歡展現自己，甚至認為自己活著就是為了成為萬眾矚目的焦點。擁有這類性格的人往往無法發覺自己的做作型人格特徵，也意識不到自己的情緒會隨著別人的關注而出現波動。例如小強每次發火的原因都是，不論他如何表現，對方都沒有向他投來關注的目光。但小強意識不到自己發火的真正原因，只歸結於對方惹惱了他。

一個擁有做作型人格的人會因為自己吸引了人們的關注而感到快樂，他害怕別人不喜歡自己。所以當他無法吸引人們的目光時，他就會因為害怕而發火。

擁有做作型人格的人具有以下幾種優勢：

1. 社交能力強，有很強的個人魅力，待人接物顯得非常熱情。
2. 注重自己的外表，講究穿衣打扮，總是顯得很時尚。
3. 在人群中，喜歡成為焦點人物。為了得到大家的喜歡，他們會表現得很出色，因為這樣才能吸引所有人的目光。

4. 善於表達感情,從不吝嗇自己的關心。在與人相處的過程中,他們會營造和諧、溫馨的氛圍,經常向對方表達自己的關愛之情,在處理人際關係上得心應手。

由於上述種種性格優勢,擁有做作型人格的人在與人初次相處的過程中會很吸引人,例如慧慧見小強的第一面就立刻被小強吸引,輕易地被小強俘獲。但隨著交往的深入,許多人都受不了有做作型人格的人,因為他們會為了得到關注而做出一些極端的行為,還要求對方必須時時刻刻回應他,不能表現出一絲一毫的不在意。而且有做作型人格的人通常情緒十分善變,往往上一秒還在討好對方,下一秒就會因為不滿意對方的態度而發火。他們的感情過於外露,甚至不考慮對方的感受。

擁有這種類型性格的人往往會因為性格中的表演特質而獲得事業上的成功。通常情況下,演員、律師、政客或公關人員都具有做作型人格,他們的工作就是引起公眾的注意。而擁有做作型人格的人也會被這些職業所吸引,因為這些職業給他們提供了「表演的舞臺」。例如小強的職業就是律師,他選擇這個職業就是因為可以在法庭上「表演」,從而得到人們的注意。不過小強的做作型人格雖然幫助他在事業上取得了成功,卻無法幫助他獲得一段和諧的親密的關係。慧慧在與小強相處的過程中,經常無法忍受小強過於外顯的情緒,因為她一直是那個顧及對方感受的人,而小強只在意自己是否被人關注,卻不會去關注另一半的需求。

羞於表達而內心專注

電影《艾蜜莉的異想世界》(*Amelie*)中的女主角艾蜜莉是一個性格內向的女孩。她有一段悲慘的童年，她的童年就如同一場獨角戲，沒有父母的關愛，也沒有同伴，只能自己一個人玩遊戲。

艾蜜莉的父親拉斐爾是一個性格冷漠且有很多生活怪癖的退役軍官，他喜歡將舊壁紙撕下來，喜歡整理工具箱，不喜歡路人議論自己的打扮，不喜歡讓溼漉漉的泳衣貼在身上，不喜歡如廁時身邊站著人。除了這些生活上的怪癖外，拉斐爾還是個很不喜歡與人接觸的人，即使這個人是他的女兒，他也總是表現得非常冷漠。在艾蜜莉的印象中，父親很少與自己擁抱，他只會在為自己檢查身體時才會與自己有一些接觸。艾蜜莉十分渴望父親的擁抱，當父親替她檢查身體時，她會因為這種少有的親近而心跳加快。為此父親認為艾蜜莉的心臟有毛病，不適合去學校上學，於是教育艾蜜莉的責任就落到了她母親的身上。

艾蜜莉的母親阿曼達是一個小學校長，她與丈夫一樣有很多生活怪癖，例如她不喜歡洗澡後皺皺的手指，不喜歡別人觸碰她的手指，喜歡整理手提包，喜歡擦地，喜歡舞蹈演

第六章　你可能也有的小「怪癖」─不同性格類型

員的衣服等等。但阿曼達有一點神經衰弱，在教育艾蜜莉的時候，她經常會因為艾蜜莉的小錯誤而嚴厲斥責她。

沒有人陪艾蜜莉一起玩，她就只能自己一個人玩耍。艾蜜莉會將臉貼在玻璃上做鬼臉；在自己的拳頭上畫臉譜；將膠水塗在手指上，然後慢慢撕下來；將西洋骨牌排成一列，然後推倒它們；將零食一個一個套在手指上，再一口氣全部吃掉等等。雖然艾蜜莉只能一個人玩遊戲，但她也玩得不亦樂乎。

艾蜜莉養了一條金魚，這是她童年時代唯一的朋友。但艾蜜莉發現小金魚經常跳出魚缸，在地板上彈跳，原來小金魚是受不了家裡壓抑、沉悶的氣氛，於是想透過跳出魚缸的方式自殺。每當艾蜜莉發現小金魚在地板上彈跳時，她都會尖叫著去找父親，讓他解救小金魚。幾次後，母親阿曼達無法忍受，就將小金魚放生了，艾蜜莉失去了她唯一的朋友。

在艾蜜莉 6 歲時，她的母親阿曼達去教堂祈求上帝再賜予她一個孩子，結果不幸被墜樓的旅客砸死。艾蜜莉失去了母親，從此之後她與父親相依為命，但父親沉浸在喪妻的痛苦中無法自拔，根本無暇照顧艾蜜莉。家中的氣氛變得更加沉悶、壓抑，艾蜜莉期望自己快快長大，離開鬱鬱寡歡的父親。

長大後，艾蜜莉在雙風車咖啡館做服務生。一天，艾蜜莉像往常一樣在看新聞，當她聽到戴安娜王妃（Diana, Princess of Wales）因車禍去世的消息後，手中的化妝品掉在了地

上，碰巧砸開了一塊板磚，艾蜜莉無意中發現了一個鏽跡斑斑的鐵盒子，裡面有許多環法自行車賽冠軍的照片，還有賽車模型。看著這些藏品，艾蜜莉突然萌生出了一個念頭——去找鐵盒的主人，將鐵盒交還給他。如果鐵盒的主人表現得很高興，艾蜜莉就將繼續幫助別人；如果鐵盒的主人什麼反應也沒有，艾蜜莉就罷手，繼續進行自己的生活。

透過各種努力，艾蜜莉終於找到了鐵盒的主人多米尼克，她偷偷將鐵盒還給了多米尼克，自己則在一旁觀察多米尼克的反應。當多米尼克發現鐵盒的時候，他十分激動，一下子回憶起了自己的童年時光，彷彿看明白了許多事情，於是放下執念，與女兒和好。將這一切看在眼裡的艾蜜莉十分感動，她決定繼續幫助不認識的人，將愛意和善意傳達給更多的人，並將這件事視為自己的人生使命。

當艾蜜莉發現盲人準備過馬路時，她立刻上前攙扶，一邊走一邊向他繪聲繪影地描繪街上發生的一切。盲人十分高興，似乎看到了這個多彩世界的一角。艾蜜莉還撮合了一對單身男女，使他們體會到了久違的戀愛的感覺。當艾蜜莉發現鄰居是一個患有脆骨症的老人時，她開始堅持為老人錄製節目，讓老人在家也能了解到外面世界的精彩。當艾蜜莉發現一名寡婦總是鬱鬱寡歡時，她仿造女人已故丈夫寫給女人的信，來安慰女人。每當艾蜜莉去幫助他人的時候，她都能感受到莫大的幸福。

第六章 你可能也有的小「怪癖」—不同性格類型

有一天,艾蜜莉開始幻想自己老了以後的時光,她覺得到時候如果能有一個天使般的人幫助自己就好了。這時,艾蜜莉突然想起了自己孤僻的父親,她覺得父親其實很可憐,是一個處境淒涼的老人,自己應該努力為父親帶來一些快樂。艾蜜莉知道,如果自己強拉著父親出門,多多接觸外界的生活,那個孤僻的老頭一定會拒絕。她回到家觀察了一段時間後,決定將父親放在母親墓前的小玩偶拿走。然後艾蜜莉拜託一個經常出外旅行的朋友,讓他帶著玩偶去旅遊,然後拍照留念,並將照片寄給父親。父親在剛收到照片的時候十分吃驚,然後開始思索,最後終於醒悟,走出鬱鬱寡歡的生活,拿起行李,踏上了旅程。

幫父親走出憂鬱後,艾蜜莉依舊在幫助身邊的人。她這樣一個內向的女孩,雖然情感十分豐富,但從不外露;雖然沒有什麼親密的朋友,卻因為幫助他人獲得了無盡的快樂。她覺得這就是自己追求幸福、快樂的方式。

一次,艾蜜莉撿到了一個貼滿了重新黏合的照片的相簿,她發現這個相簿屬於一個名叫尼諾的年輕男子。尼諾是一個喜歡在快照亭蒐集破碎照片的人,他會將這些破碎照片重新黏合起來。當艾蜜莉得知尼諾在鬼屋工作後,她使用了一個小計策,神不知鬼不覺地將相簿還給了尼諾。艾蜜莉注意到,相簿裡經常出現一個人,她很好奇這個人為什麼經常去照相亭照相,然後將照片撕掉。在艾蜜莉的偷偷調查下,

她發現這個人就是照相亭的維修人員,每當他接到報修電話後,都會前去修理相機,驗證相機是否已經修好,他就會自己拍照測試。艾蜜莉覺得自己應該偷偷引導尼諾也發現這個祕密。在這個過程中,尼諾根本不知道艾蜜莉的存在,但艾蜜莉卻已經愛上了他。

這時,艾蜜莉遇到了一個巨大的困難,她不知道該如何接近尼諾,更沒有勇氣向尼諾表達自己的愛意。當接受過艾蜜莉幫助的脆骨症老人發現了她的苦惱時,老人鼓勵她主動向尼諾表達自己的感情,但受到鼓勵的艾蜜莉依舊沒有這個勇氣。這時她曾幫助過的同事幫助了她,同事在和尼諾聊天的過程中將艾蜜莉介紹給了尼諾,艾蜜莉終於迎來了自己的愛情。

現今我們所處的社會,更為崇尚開朗、外向的性格,一個人若想要贏得他人的認可並引起對方的注意,擁有外向的性格會更占優勢,讓自己能努力在各種社交場合中展現自己的魅力。但總有一些人的性格內向、害羞,每當被人注視著或者在人多的場合中時,就會覺得不自在。在社會文化的影響下,多數人可能覺得外向性格的人比較好相處,因為他們比內向性格的人更善於表達、溝通。人們更容易誤會內向性格的人,覺得他們太過傲氣、無趣,事實上他們只是性格靦腆,不擅長與人交流,不喜歡參加某些社交活動而已。不擅長社交並不意味著內向性格是一種劣勢性格,相反的,內向性格有著獨特的優勢。

第六章 你可能也有的小「怪癖」─不同性格類型

一些人會對內向性格有一些負面的印象，比如奧地利心理學家佛洛伊德，就曾發表過好幾篇文章，專門批判內向性格的人，他所列舉的案例就是卡爾・榮格（Carl Gustav Jung）和阿德勒。這兩人曾經很崇拜佛洛伊德，是佛洛伊德的門徒，尤其是榮格，他與佛洛伊德的關係如同父子般親密，佛洛伊德一度想將衣缽傳於榮格。只是後來兩人因為觀點不同而與佛洛伊德分道揚鑣，分別創立了自己的學派，為此佛洛伊德十分氣憤，他開始寫文章攻擊榮格和阿德勒這兩個性格內向的人。慢慢地，很多人開始因為受到佛洛伊德的影響而覺得內向性格不好。事實上，內向和外向只是兩種不同的性格，並無好壞之分，各自有自己的優勢。

從生理基礎上來看，大腦迴路影響著一個人的性格到底是內向還是外向。研究顯示，人類大腦前額葉的主要作用是深思熟慮和做出決策；大腦後額葉的主要作用則是感知外界和採取下意識的行動。性格內向的人的大腦前額葉更為活躍，喜歡獨處和思考；性格外向的人的大腦後額葉更為活躍，喜歡社交和表達。

在人際往來的過程中，人們會互相進行精神能量的傳輸。對於性格內向的人來說，他們更擅長從自身挖掘能量，會更重視自己的感受和各種負面情緒，比性格外向的人更能獨處，並從獨處中獲得寧靜，因此感到滿足，從而獲得幸福感。相反，性格外向的人更擅長從別人身上挖掘能量，從而

有可能忽視自己的感受和各種負面情緒，即使自己已經處於焦慮緊張的情緒中還不自知，時間久了他們還會覺得自己總是莫名的憂鬱和不痛快。

內向的性格通常有以下幾種獨特的優勢：

1. 更容易長時間專注於一件事情。

與性格外向的人不同，性格內向的人更關注自己的內心世界，注重內心感受，因此他們擅長將時間和精力長期集中於某件事情上。例如艾蜜莉會一直堅持默默幫助別人，也源於她內向的性格，使她更注重於從幫助他人的過程中獲得幸福感和滿足感，也使她一直堅持了下來。性格內向的人所擁有的這項特質，可以使他們從專注於某件事中獲得無窮的樂趣，除了表現在日常生活當中，還可以運用到工作中，例如技術開發、研究分析性的工作通常需要這樣的特質。Facebook 的創始人馬克·祖克柏（Mark Elliot Zuckerberg）就是一個性格內向的人，他經常因為社交而苦惱，所以他研發了這樣一個社交網路平臺。對於許多有社交焦慮的人來說，這是一個非常有用的交流工具。正是他身上的這種內向型專注特質，幫助他研發出了改變人們社交方式的技術。

2. 善於傾聽，聽多說少。

性格內向的人在社交過程中通常比較被動，他們很少主動表達自己的需求，往往是很好的傾聽者。善於傾聽的這個

特質使得內向的人更容易了解對方，在意對方的感受和情緒。艾蜜莉最令人驚嘆之處並不在於她樂於助人，而是她幫助人的方式總是渺無聲息，不會打擾對方。這要歸功於艾蜜莉的細膩性格，她內向的性格使得她在與人往來時會留意許多細節，從而更容易了解對方。例如艾蜜莉在發現賣菸女和嫉妒男互有好感後就分別與他們聊天，聊天過程中暗示他們對方對他／她有好感，於是兩人開始鼓起勇氣接觸對方。艾蜜莉在鼓勵父親走出憂鬱時，也沒有直接強迫父親，而是透過一個玩偶，讓父親主動產生了旅行的衝動。在所有接受艾蜜莉幫助的人看來，這些完全是順其自然的，有的人甚至認為這是上天的眷顧。

3. 謹慎保守，三思而行。

　　性格內向的人喜歡一個人獨處，他們很容易沉浸在自我的內心世界中，這決定了他們的行為風格──謹慎保守。股神巴菲特（Warren Buffett）在提到自己如何在金融投資領域中屢創財富奇蹟時，就提到了謹慎保守這一性格特質，他認為這是自己成功的祕密所在。

4. 更容易在一個領域或多個領域中取得成就。

　　性格內向的人更容易將精力放在鑽研知識上，因此很容易在某個領域內取得成就，例如牛頓（Isaac Newton）、居禮夫人（Marie Curie）等我們所熟知的科學家都是內向性格的人。

5. 與他人溝通和互動時效率更高。

性格內向的人更關注溝通的成果，因此他們在與人溝通的時候很少會說廢話，尤其討厭泛泛而談，這使得他們的溝通更有效率。艾蜜莉每次與人交流時，都能輕易地發現對方的心理需求，知道對方想要什麼樣的幫助。

許多性格內向的人都會苦於社交活動。在社交活動中，性格外向的人往往如魚得水，他們看起來那麼富有活力，十分擅長與他人交流和溝通。而性格內向的人常常會表現得很局促，感到害羞，經常安靜地站在角落裡，或者作為人群中一個可有可無的存在被忽視。事實上，性格內向的人根本不必為此苦惱，因為他們也有屬於自己的「社交武器」——善於傾聽。善於傾聽的人往往會給人一種值得信賴的感覺。

總之，性格內向的人有屬於自己獨特的優勢，在社交活動中不必刻意表現得健談，努力模仿性格外向的人，畢竟溝通既有表達的需求，也有傾聽的需求。性格內向的人雖然不善於言談，卻可以發揮自己性格中的優勢，多傾聽別人的談話，只要用心傾聽，並透過點頭示意等方式來回應對方，這樣也能在社交過程中讓對方留下得體、禮貌的印象。

當然，大多數性格內向的人都不喜歡社交，在面對他人的社交邀請時，比如參加一個聚會，性格內向的人往往會陷入不知道如何拒絕別人的困境中。很多性格內向的人為了顯示自己是個合群的人，會硬著頭皮接受各種社交邀請，去參

加各種聚會。其實完全不必如此勉強自己，更沒必要去看心理諮商，性格內向的人所要做的就是認清自己的性格，順應自己的性格，如果你喜歡安靜，喜歡一個人待著，不喜歡參加聚會，那麼不妨直接告訴對方自己真實的想法。畢竟拒絕是生活中再正常不過的事情，不必太過在意別人的目光，你更需好好地享受自己想要的安靜生活。

以尋找快樂作為生活的主題

金庸在《射鵰英雄傳》和《神鵰俠侶》這兩部長篇小說中塑造了一個既風趣幽默又活潑可愛的人物形象，他就是周伯通，人稱「老頑童」，是全真教「中神通」王重陽的師弟。

一次，王重陽與南帝段智興切磋武功，帶著周伯通去了大理王宮。來到大理王宮後，閒來無事的周伯通到處遊蕩，發現一名女子正在苦練武功，於是他主動上前傳授點穴功夫給女子，這名女子是段智興的劉貴妃，也就是後來的瑛姑。

寂寞的瑛姑被愛玩愛鬧的周伯通吸引，兩人相處了一段時間後，日久生情並產生了肌膚之親，瑛姑還懷上了周伯通的孩子。當他們的戀情暴露後，段智興深受打擊，於是出家當了和尚，法號「一燈大師」。本來，周伯通可以帶著瑛姑離開，可他心中有愧，堅決不肯，在將定情信物錦帕還給瑛姑後就離開了大理。

瑛姑將孩子生下後不久，她的孩子被假扮侍衛的裘千仞打傷，傷勢十分嚴重，恰巧只有一燈大師可以救他。瑛姑帶著孩子苦苦哀求，但一燈大師注意到了孩子的肚兜，上面繡著鴛鴦戲水，這正是由瑛姑之前送給周伯通的錦帕製成的。心生嫉恨的一燈大師拒絕為孩子療傷。瑛姑看著孩子在痛

第六章 你可能也有的小「怪癖」——不同性格類型

苦掙扎中死去,悲痛之下一夜白頭,瑛姑因此恨極了一燈大師。她的餘生只剩下兩個願望——復仇和救周伯通離開桃花島,此時的周伯通被黃藥師用五行之術困在了桃花島。

原來,王重陽在第一次華山論劍中贏得了武功祕笈《九陰真經》。臨終前,王重陽將《九陰真經》上下兩冊交給周伯通保管,並交代周伯通將上下兩冊經書分別藏在不同的地方。周伯通在藏匿下冊經書時遇到了黃藥師夫婦,兩人誘騙周伯通,得知了下冊經文的內容,周伯通中計不自知,毀掉了經書。當周伯通得知自己受騙後,他立刻去桃花島向黃藥師討要下冊經書,而因擔心上冊經書被盜,周伯通只能將其隨身攜帶。來到桃花島後,周伯通因武功不及黃藥師,不僅沒討得下冊經書,反而被困在島上,這一困就是15年。

桃花島布置巧妙,瑛姑不通五行之術,被困在桃花島上不得脫身,差點餓死,後來還是黃藥師派人將她送出了桃花島。從此以後,瑛姑為了救出周伯通開始潛心研究五行奇門、九宮八卦之術,周伯通則在桃花島上習武打發時間。

第二次華山論劍時,周伯通已經走出了桃花島。瑛姑於是趕到華山,她想見周伯通,也想找裘千仞報仇。她突然出現在兩人面前,讓他們大吃一驚。裘千仞在被洪七公訓斥後深感愧疚,決定跟隨一燈大師出家修行。瑛姑想要殺死裘千仞報仇,這時周伯通卻出面制止,瑛姑憤怒不已,將矛頭對準周伯通,周伯通被嚇得立刻逃離了華山。

隨後十餘年，周伯通一直在蒙古遊蕩，並傳授耶律齊武藝。後來周伯通中計，被趙志敬和金輪法王誘騙進入蜘蛛洞，在這裡他遇到了同樣被騙進洞裡的小龍女。在洞中，周伯通將雙手互搏之術教給了小龍女，小龍女學會後利用玉蜂走出了蜘蛛洞，並擊敗了金輪法王，解決了她與周伯通面臨的危機。周伯通看到小龍女居然能指揮蜜蜂，覺得很有趣，便偷走了小龍女隨身攜帶的玉蜂蜜，想要學習如何指揮蜜蜂。

後來，楊過和郭襄找到了隱居在山西南部黑龍潭中的瑛姑，他們想向瑛姑討要九尾靈狐，用牠的血解救被霍都打傷的史家三兄弟。九尾靈狐是瑛姑的愛寵，她自然不肯割讓。這時一燈大師帶著氣息奄奄的裘千仞找到了瑛姑，他希望瑛姑能原諒裘千仞，好了卻一個將死之人的心願。瑛姑不願意，她提出了面見周伯通的要求，只要他們答應她的要求，她就可以用九尾靈狐的血去救人，也可以原諒裘千仞。

周伯通此時正在百花谷中養蜜蜂，楊過找到周伯通後將瑛姑的要求告訴了他，但周伯通無論如何都不肯去見瑛姑。楊過只能用自己獨創的武功誘使周伯通答應，最終周伯通與瑛姑見面，他和瑛姑決定原諒裘千仞，裘千仞在如釋重負後死去。周伯通、瑛姑和一燈大師三人在放下往日的仇恨後決定相伴而居，在百花谷過起了隱居的生活。

周伯通就是一個典型的活躍型人格的人，他活潑、外向、熱情、開朗、善於表達，對很多事情都感興趣。對他來

第六章 你可能也有的小「怪癖」──不同性格類型

說，保持高度的興奮感十分重要。作為一名武林高手，周伯通練武的理由很奇特，僅僅是因為好玩，就和他養蜜蜂一樣，因為覺得有趣便去做了。這些都是活躍型人格中正向的一面，這一面就如同冬日的一抹陽光，能吸引別人，讓人在和活躍型人格者相處的過程中感到舒服。

當然，活躍型人格者也有不好的一面，他們由於太過渴望快樂、自由，往往會出現逃避痛苦的行為，會避免與他人直接發生衝突，這種逃避的態度其實就是不負責的表現。當週伯通與瑛姑的私情暴露後，他的第一反應不是承擔責任，對瑛姑負責到底，而是向段智興道歉，將錦帕還給瑛姑後就離開了，因為他不想處理如此尷尬且令他痛苦的局面，也不想與段智興發生衝突。

周伯通和所有活躍型人格的人一樣，不喜歡被約束，他們終其一生都在追求自由、放鬆，就像一隻快樂的花蝴蝶，一會去選擇做一件自己感興趣的事情，一會又會做另一件讓他覺得很新奇的事情，他總是在不斷嘗試不同的事物，尋求各式各樣的刺激。他在為自己、他人帶來快樂的同時，也在按照自己的喜好隨心所欲地做一些事情。對他來說生活不應該被道德、責任所束縛，生活的主題應該是追求快樂。周伯通一生都在玩，不然也不會有「老頑童」這個稱號，他獨創的招式雙手互搏術，在他人看來是一門十分高深的武功，卻只是周伯通在被困桃花島時，無聊至極之中想出的自娛自樂的遊戲。

在生活中,像周伯通這樣的活躍型人格者十分常見,例如有的人會選擇背起行囊去旅行,到世界各地去看看,嘗試各種新鮮事物。活躍型人格者在人群中往往是那個笑口常開、積極向上的存在,對他們來說彷彿沒有什麼能減少他們對生活的興趣和樂趣,他們渴望一個無拘無束且充滿新鮮、刺激的世界。正因如此,活躍型人格者常常會產生不同於一般人的想法和行動。對於活躍型人格者來說,固定不變的生活是一種折磨,世界如此精彩、有趣,為什麼要只選擇一種生活方式呢?

　　這樣一個外向且極富創造力的人有很強的吸引力,他通常是人們的開心果,很少會表現出消極懈怠的一面,對他來說沒有什麼能阻擋他去追求熱情和快樂。在人際交往中,活躍型人格者總是心直口快、愛聊天。瑛姑為什麼會愛上週伯通並義無反顧地想和周伯通在一起呢?正是因為她身上缺少周伯通的這種活躍,她覺得和周伯通在一起很快樂。當年老的瑛姑最終和周伯通在一起後,她立刻放下了殺子之仇,對她來說,周伯通就是她快樂的泉源。

　　瑛姑在沒有遇到周伯通之前,在王宮的日子過得既寂寞又苦悶,她的丈夫終日醉心於練武,她基本上沒有得到過他的寵愛。對於這樣一個極度缺乏男人關愛的女人來說,遇到周伯通這個健談的活躍型人格者,她自然很容易被哄得心花怒放。於是瑛姑選擇拋棄自己劉貴妃的尊位,與周伯通在一起。

第六章　你可能也有的小「怪癖」─不同性格類型

總之，活躍型人格具有以下幾個優勢：

1. 精力旺盛。

活躍型人格者經常表現得很活躍，會在一段時間內對許多事物感興趣。

2. 幽默風趣。

活躍型人格者十分外向，愛與人聊天、開玩笑，能為周圍的人帶來歡聲笑語，與他們相處會讓人感到十分放鬆、有趣。

3. 喜歡探索、挑戰現狀。

活躍型人格者總在追求新奇、刺激的事物，這使得他們具有探險精神，不會安於現狀，從不會因為自己無法接受新奇事物而苦惱。

4. 勇於打破常規，富有創造力。

對於活躍型人格者來說，傳統思維就是一種束縛，所以他們不會被規矩絆住手腳。

5. 喜歡提出自己的見解，具有擴散性思考。

活躍型人格者不會輕易接受已經成型的見解或觀點，總喜歡提出自己的新見解。活躍的思維總是能讓他們發現和注意到被多數人忽視的東西。

活躍型人格者擁有很好的生活心態，這種良好的生活心態來源於他們性格中的熱情特質，這種特質決定著他們對生活充滿了熱情，同時也決定了他們衝動的一面。活躍型人格者遇到事情時很容易衝動，通常是一時興起就開始做，根本不會仔細考慮自己是否能夠完成以及事情本身的難易程度。因此活躍型人格者往往缺乏堅持下去的耐心，他們會因為遭遇困難而喪失對一件事情的熱情，很容易一遇到困難就逃避，只想著以最省力、最簡單的方式草草了結，然後再去尋找新的興趣點。

　　活躍型人格者的性格中最危險的一面就是玩心太重，他們不願意接受規矩、習俗的限制，也不願意接受任何人的控制，只想按照自己的心意去生活。他們的行為完全受到自己興趣的控制，而他們的興趣又不止一個，他們會對任何新奇、刺激的事物都感興趣，自己喜歡做什麼就做什麼，哪怕這種行為在別人眼中是胡鬧也不在意。

第六章　你可能也有的小「怪癖」─不同性格類型

擺脫焦慮性依賴

　　小趙在很小的時候，他的父母就離婚了，從那時起小趙就與父親生活在一起。老趙每天忙於工作，根本沒有時間照顧兒子，小趙經常一個人在家，有時候忘記帶鑰匙了，就只能蹲在門口等父親回來；有時候父親甚至無法及時發現他生病了，有好幾次小趙都是獨自一人忍受病痛的折磨。

　　工作後，小趙認識了一個女孩萱萱。與小趙不同，萱萱來自一個父慈母愛的家庭，她從小生活優渥，在父母的關愛下長大，身上散發著單純和安逸。小趙立刻就被萱萱吸引了，但他並沒有鼓起勇氣去追求萱萱，只是在工作上默默地為萱萱提供幫助。

　　一次，小趙和萱萱同時被公司派到外地出差。出差過程中，萱萱發現小趙是一個成熟穩重、細心體貼的男人，於是對他心生好感。三個月後，兩人成了男女朋友。

　　在戀愛初期，萱萱十分享受小趙對自己無微不至的照顧，但漸漸地，萱萱覺得小趙的愛令她感到窒息。每天晚上，小趙都會打電話給萱萱，一打就必須得聊一個小時以上。他們白天在公司裡時常見面，萱萱覺得他們根本沒必要每天晚上透過電話鉅細靡遺地向對方彙報自己今天做了什麼

事。在公司，小趙也時刻關注著萱萱，只要萱萱和某個男同事說了一句話，小趙就會焦慮不已。萱萱很討厭小趙這種時時刻刻干擾自己的行為，好像她是小趙的私有物一樣。

　　有一次，萱萱去參加同學聚會。期間，萱萱多次接到小趙的電話，小趙還非得來接萱萱，萱萱只能將聚會的地址告訴了小趙。當小趙趕到時，萱萱正在和一個男同學聊天，小趙看到後臉色立刻變得很難看。在送萱萱回家的途中，小趙不斷盤問萱萱和那名男同學的關係，萱萱解釋說只是同學而已。但小趙依舊咬著這件事不放，他不停強調自己多愛萱萱，萱萱對自己有多重要。這些話萱萱已經聽了無數次，她煩不勝煩，衝動之下就向小趙提出了分手。

　　一聽萱萱說要分手，小趙立刻崩潰了，他哭著求萱萱不要離開他。萱萱本來只是衝動地提出了分手，但當她看到小趙的反應後便堅定了分手的想法。對於萱萱來說，小趙的愛太過沉重，壓得她喘不過氣來。之後小趙做出了許多努力想要挽回他與萱萱的感情，可是他做得越多，越讓萱萱覺得應該遠離他。

　　小趙就屬於典型的焦慮型人格者。他的性格特點很明顯，內心十分敏感，很容易對一個人產生過分的依賴。他害怕被拋棄，經常處於焦慮之中，他的這種狀態會對對方帶來巨大的心理壓力，讓對方只想著趕緊逃離，遠離這份沉重的愛。

第六章　你可能也有的小「怪癖」—不同性格類型

　　大多數焦慮型人格的形成，都與童年時期長期被忽視或被拋棄的恐懼感密切相關。如果父母無法時刻關注孩子的情感需求，與孩子之間的關係不夠親密，那麼這個孩子就會陷入被忽略、被拋棄的恐懼中，這種恐懼被稱為原生情緒。

　　許多人為了抵抗原生情緒的困擾，就會產生次生情緒來進行自我保護。例如焦慮型人格者，他因為害怕被拋棄，從而被恐懼、焦慮的原生情緒所困擾，為了擺脫這種困擾，他開始將他人視為生活中心，不惜一切代價關注、取悅對方，將自己的焦慮情緒轉移到對方身上，刻意忽視自己的焦慮情緒。童年的經歷讓小趙缺乏安全感，他害怕被人拋棄，所以會將女友萱萱看作自己生活的中心，盡一切可能照顧、取悅萱萱。他想透過這種方式控制萱萱，藉此緩解自己害怕被拋棄的焦慮，彌補自己缺失的安全感，滿足自己的心理需求，但他的這種行為只會讓萱萱覺得被束縛。

　　萱萱最初被小趙吸引，是因為她覺得小趙是一個成熟穩重、細心體貼的男人。但這只是小趙在自卑心理下的刻意反應。他早就喜歡上了萱萱，卻沒有勇氣去追求萱萱，他總覺得只有自己付出很多且很優秀，才能配得上伴侶。這是許多焦慮型人格的人都有的心態。在戀愛之初，萱萱很享受小趙對自己無微不至的照顧，以至於忽視了小趙的需求，其實小趙才是那個非常需要萱萱親密關懷的人，他缺乏安全感，害怕被人拒絕、被人拋棄，所以才會透過照顧萱萱的方式來留住她。

小王與圓圓是一對情侶，小王是一個很容易焦慮且沒有安全感的人，自從他與圓圓在一起後，他對圓圓的依賴就越來越強烈，對圓圓的壞脾氣總是很包容，圓圓自知自己脾氣不好，很享受小王對自己的包容。但交往了一段時間後，圓圓發現小王是一個非常容易焦慮、害怕犯錯的人，小王身上的這一特點特別令圓圓反感，她覺得和這樣一個男人相處很累。

　　小王幾乎不會下決定，和圓圓在一起時，不論大事小事，全部交由圓圓來決定，他也很聽從圓圓的指揮，圓圓讓他往東，他絕不會朝西。小王在與圓圓相處時總是顯得小心翼翼，害怕犯錯，更害怕圓圓發脾氣，一旦看到圓圓臉上露出不高興的表情，小王就會立刻道歉，凡是圓圓提出的要求，小王也都會盡量滿足。圓圓對小王越來越失望，她不喜歡小王這種過度依賴自己的男人，她不止一次地要求小王要有點主見，小王儘管嘴上答應，卻從不會改正。他害怕失去圓圓，但就是無法擺脫對圓圓的依賴，他的焦慮使得他更加依賴圓圓。在一次逛街的時候，小王再次表現出了他毫無主見的一面，這惹惱了圓圓，圓圓當即提出了分手。

　　小王也屬於典型的焦慮型人格，他十分看重圓圓，可是他越是重視這段感情，就越是對這段感情充滿了焦慮與不安。在與圓圓相處的過程中，他會不由自主地放大自己的焦慮和不安，這為圓圓帶來了許多煩惱。於是圓圓在與小王相

處了一年後，終於忍無可忍，選擇了分手。

大多數焦慮型人格者在親密關係中都會被「情感飢渴」所困擾，他們希望對方能滿足自己的情感需求，對對方充滿了獨占欲，會極度依賴對方，同時他們又害怕失去對方，經常陷入隨時會被對方拋棄的焦慮與不安中。此外，焦慮型人格者還會對伴侶的情緒反應過於敏感，圓圓或許只是簡單地表達了自己的不滿，小王卻如臨大敵，好像圓圓要拋棄他了，這對圓圓造成了很大的壓力。

焦慮型人格者想要獲得一段正常的情感，就必須正確認知自己行為的本質，面對自己的原生情緒，並與對方進行貼近彼此心靈的溝通。小王之所以毫無主見，一切以圓圓為中心，是因為他害怕圓圓離開他，害怕被圓圓拋棄才是他的原生情緒。他應該在和圓圓溝通時將自己的這種恐懼告訴圓圓，兩人一起解決這個問題。

焦慮型人格者應該意識到自己的性格問題會為伴侶帶來很大的壓力，沒有人會無限制地忍受你單方面的負面情緒，你應該勇敢改變自己。

焦慮型人格者應該學會自我調整，擺脫焦慮性依賴。焦慮型人格的形成與一個人的原生家庭密切相關，這個問題會困擾一個人很長時間，卻不會困住他一生，他應該正視害怕被拋棄這個問題，從而做出改變。

幻想與妄想的一線之差

一部電影中描寫了一段 1970 年代的故事，當時故事發生的地方社會動盪，大人們忙著「鬧革命」，學校停課，孩子們沒有人管教。有一群正處於青春期的男孩子，他們整天沉溺於打架、鬧事，其中有個男孩名叫馬文。

馬文的父親是一名軍人，被派駐外地，長年不在家。沒有父親管教的馬文每天都和附近的一群孩子混在一起，他們一起打架、蹺課、抽菸。

馬文有一個嗜好，他喜歡趁著別人白天家中無人時，撬開別人家的鎖，偷偷溜進別人家，偷窺對方的祕密，還會在裡面玩一段時間，但從不會拿走人家的東西，因此主人也沒有注意到家裡有外人進入過。馬文經常向夥伴們炫耀自己的開鎖技術，說沒有他打不開的鎖，而且從沒有被人發現過。

一天，馬文撬開了一戶人家的鎖，他在無意間看到了一張女孩子游泳的照片。照片中的女孩子笑得很燦爛，馬文一下子就被她吸引住了。

不久，馬文就被朋友們叫去打群架，當時他的一個朋友因維護一個身體有點殘缺的小孩被人打傷，其他朋友們得知後就決定為他報仇。當雙方的人馬集結在一起後，有許多人

第六章 你可能也有的小「怪癖」──不同性格類型

都互相認識,最終經過中間人的調解後,這場群架奇蹟般地和解了,一群年輕人擁進了附近餐廳慶祝起來。

馬文一直渴望能見到照片上的女孩,他沒事的時候總去那棟房子周圍的鐵皮房頂上閒晃,希望能見她一面。一天,馬文再次潛入女孩家中,女孩突然回家了,馬文情急之下鑽到了床下,幸好女孩只是換了一件衣服後就離開了。

後來,馬文得知女孩名叫米蘭,和附近的一位「孩子王」很熟,當馬文發現米蘭和他聊得非常愉快時,就有些嫉妒。

爺爺去世時,馬文跟著父母離開這裡去了外地。一段時間後,馬文回來了,這時他發現米蘭和那個孩子王的關係更好了,米蘭喜歡上了孩子王,卻只將馬文當作一個小孩看待。

馬文的生日與那個男孩是同一天,朋友們決定為他們慶祝,他們還收到了米蘭送的禮物。馬文收到米蘭的禮物很高興,卻因為那個男孩也收到了米蘭的禮物而心裡不是滋味。在玩硬幣遊戲時,馬文執意要米蘭離開,但那男孩不同意,兩人就打了一架 —— 但其實這只是馬文的幻想而已,他沒有向他挑釁的勇氣。事實上,那天他和小朋友們以及米蘭玩得很開心。

當天晚上下起了大雨,馬文冒著雨來到了米蘭家附近,他對著米蘭家的窗戶大喊道:「米蘭,我喜歡妳!」當看到

米蘭從家裡走出來的時候，他卻又沒有勇氣承認自己喜歡米蘭，米蘭給了他一個擁抱。之後，米蘭對待馬文的態度依舊很普通，她喜歡的人是另外那個男孩。

看到米蘭和他在一起很親密的樣子，馬文生氣極了，他一氣之下來到了米蘭家，想要對米蘭做出踰矩之事。米蘭堅決反抗，馬文只能落荒而逃。從那以後，馬文與小朋友們的關係就變得越來越冷淡。

隨著年齡的增長，馬文的父親對兒子的管教越來越嚴格，他不允許馬文整日與別人混在一起胡鬧，在一次生氣時還狠狠地打了他一頓，他希望馬文能好好讀書。後來，大家各奔前程，米蘭從事藝文產業，另外那名男孩則去當兵，他們之間的關係變得越來越疏遠。多年後，他們在一次相聚中，懷念起了那段青春似火、陽光燦爛的日子。

馬文就是一個幻想型人格的人，他有天馬行空的想像力，是個愛做白日夢的人。他經常做兩個白日夢，一個是英雄夢，一個是美人夢。

馬文渴望成為英雄，他在送別要離開家鄉的父親時就說：「如果發生戰爭，一位舉世矚目的戰鬥英雄將由此誕生，那就是我。」馬文在爬上院裡最高處的大煙囪時高喊道：「我要飛，飛向天空，飛向雲霄，飛向敵國，飛向他們的首都。」馬文一直在幻想著成為英雄，渴望朋友們能認可他的男子漢魅力。

第六章　你可能也有的小「怪癖」──不同性格類型

馬文在掌握撬門開鎖這一技能後所做的第一件事就是撬開父親的抽屜，當他看到父親的勳章時，他將所有勳章掛在了自己的襯衫上，然後在鏡子面前模擬接受閱兵的樣子，還對著鏡子踢正步、行軍禮等。他做這一切的時候，一直想像著自己是一個被世人矚目的戰爭英雄，這是他的英雄夢。

馬文的美人夢與米蘭有關，米蘭是他的夢中情人。馬文與米蘭之間的關係十分純潔，他們只是在放學後一起坐著聊聊天而已，根本沒有做過牽手、擁抱、親吻這樣親密的動作。但馬文卻總幻想著自己與米蘭談起了戀愛，在他的幻想中，米蘭當著他的面睡著了，他還和米蘭一起跳舞等；甚至在馬文的「記憶」中，他多次去找過米蘭，米蘭卻當面否認：「你找過我？」

在電影中，馬文會喜歡上米蘭，是因為他意外看到了米蘭的泳裝照，他被米蘭燦爛的笑容吸引。事實上，這只是馬文的幻想而已，後來他向米蘭提到了泳裝照，但米蘭矢口否認，他們也沒有在照片集中找到這張照片。

在電影快要結束的時候，成年馬文出現了，他告訴觀眾，他與米蘭其實是透過當年那個孩子王認識的，兩人之間並沒有什麼往來，這一切都只是馬文的幻想而已。他將幻想當成了真實生活，他在想像中將米蘭當成了自己的戀人。

幻想型人格者常常覺得自己很獨特、與眾不同，很容易情緒化，他們的情感世界比一般人豐富，充滿了幻想。馬

文為了顯示出自己與眾不同的個性，學會了開鎖撬門，他自認為這是一項獨門絕技，經常向朋友們吹噓自己的開鎖技能。這是他追求獨特的方式，因為他恐懼自己和所有普通人一樣。

在情感上，幻想型人格者一直在追求浪漫。當馬文認識了美麗的米蘭後，他就將對方幻想成了自己的女友，在他的幻想中兩人經常做一些浪漫的事情，例如約會、聊天、跳舞等。但在處理感情問題時，擁有幻想型人格的人通常很容易情緒化，馬文會因為米蘭與其他男孩的親密而生氣，甚至故意找碴將米蘭趕走。雖然這一切都只是馬文的幻想，卻可以從中看出馬文對米蘭有非常強烈的獨占欲。幻想型人格者通常表現得很自我，他們會表現出強烈的獨占欲和嫉妒。

馬文自我的人格特點不僅表現在嫉妒孩子王上，還表現在他的撬鎖和偷窺上。幻想型人格者的性格中有我行我素、崇尚自由、不喜歡被約束和壓制的一面，馬文每次撬開鎖和偷窺他人生活的時候，都能體會到一種欣喜之感。獨白中，馬文將自己開鎖的欣喜與軍隊打了勝仗相提並論，他覺得這種欣喜之感只有第大戰中攻克敵營的軍隊才能體會到。

愛做白日夢的幻想型人格者的創造力也很強，因為他們的腦袋裡經常浮現出幻想，而幻想與創新之間有著密不可分的連結。影片中並未提到馬文的創造力，但這部電影是以導演本人為原型拍攝的，他身為一名優秀的導演，創造力自不必說。

第六章 你可能也有的小「怪癖」─不同性格類型

此外，很多幻想型人格者會有宗教信仰，這有助於他們在生活和工作中建立良好的人際關係。有宗教信仰的人更易信任別人，這份信任也會使別人對他產生信任，相互信任會為良好的人際關係打下基礎。暢銷書《與神對話》(Conversations with God) 系列的作者尼爾‧唐納‧沃許 (Neale Donald Walsch) 就是一個幻想型人格者，他聲稱自己能與上帝直接對話，他在陷入人生的谷底時，就是受到了上帝的指導才走出絕望。尼爾堅信自己能聽到上帝的聲音，這與他幻想型的性格密不可分。他和馬文一樣，會將幻想視為現實，並相信幻想中的一切，因此他能有所堅持，努力戰勝挫折，對生活充滿了希望和樂觀。

在面對困境時，幻想型人格者愛幻想的一面可以幫助他們走出困境。當幻想型人格者遇到挫折時，他們會從信仰中尋找力量，例如相信上帝會幫助自己，這種幻想就會給他們提供心理上的支持。這相當於對自己進行心理暗示，向自己的潛意識灌輸戰勝困境的信念。

一個幻想型人格者會在自己的腦袋裡做著各式各樣光怪陸離的白日夢，他會幻想著自己有一個完美情人，幻想著自己某天名利雙收，他會沉浸在這種幻想中，是因為幻想令他感到愉悅，也就是說幻想取悅了他。對於幻想型人格者來說，幻想、做白日夢都是很正常的現象，他只需要安心過屬於自己充滿奇思妙想的人生就可以了，而且幻想還能使幻想

型人格者的生活過得更精彩。但他不能完全沉溺於幻想，尤其是當他的幻想中存有錯誤的信念時，甚至已經到了極端的地步，那麼幻想就會發展成妄想，例如塞凡提斯（Miguel de Cervantes Saavedra）筆下的唐吉訶德。

唐吉訶德生活在鄉村，是一個年近五十歲的小鄉紳，生活得不錯。後來唐吉訶德迷上了騎士小說，他開始閱讀大量的騎士文學作品，不再管理家事，甚至將土地賣了去買騎士小說。他每天都沉浸在成為騎士的幻想中，最後完全失去了理性，從幻想發展成了妄想，腦子裡都是魔法、戰車、決鬥、挑戰、受傷、漫遊、戀愛之類書中描寫的場景。他覺得自己就是一名騎士，應該騎上戰馬去冒險、解救受苦的人，成就一番豐功偉業。於是，唐吉訶德找來了一匹馬，還準備了矛和盾，並將幻想一名鄉間女子是自己的夫人。然後他離開了村子去外界闖蕩，鬧出了一連串笑話。

有一次，唐吉訶德看到一個富農正在鞭打一個小牧童，他上前打抱不平。富農告訴唐吉訶德，小牧童在放羊時弄丟了一隻羊，唐吉訶德不聽，只命令富農放開小牧童，還命令他將所欠九個月的薪資發給小牧童。富農當即答應了，唐吉訶德很滿意地離開了。等他一離開，富農就變了一副嘴臉，他將小牧童綁起來狠狠地打了一頓。之後，唐吉訶德的妄想傾向越來越嚴重，他將風車看成巨人，和風車搏鬥了一番。

在鬧笑話的同時，唐吉訶德受了不少傷，一次次的失敗

第六章 你可能也有的小「怪癖」─不同性格類型

並未將他從妄想中喚醒,反而使他愈挫愈勇,他更加堅信自己是一名偉大的騎士。同村的卡拉斯科學士發現唐吉訶德的怪異行為後,就假裝成一名騎士向他發出挑戰,唐吉訶德輸了,只能按照卡拉斯科學士的要求回家隱居一年。

這一年的隱居生活依舊沒有喚醒唐吉訶德,之後他繼續外出冒險,做出了許多荒唐的事情。在生命垂危之際,唐吉訶德終於從妄想中清醒過來,意識到曾經的自己是多麼荒唐。

幻想與妄想之間只有一線之差,幻想型人格者沒有認知障礙,他能分清楚夢境和現實的區別,例如在前面提到的電影中,導演採用了敘事回憶的方式,總讓觀眾產生混亂感,覺得男主角馬文的記憶有問題。其實這只是在表現馬文愛幻想的人格特點。在電影結尾處,成年的馬文將前面的敘述全部推翻,這一點說明了馬文雖然愛做白日夢,喜歡將真實生活與幻想緊密結合在一起,但他並沒有認知障礙,他能分清楚現實與幻想的區別。

與幻想型人格者不同,妄想者則有一定的認知障礙,妄想者也愛做白日夢,但由於他一直沉浸在白日夢中,導致他分不清夢境與現實的區別,這時候白日夢就不單單是幻想了,已經發展成了妄想。妄想會使妄想者喪失自知之明,例如唐吉訶德幻想自己是一個除暴安良的騎士,富農就應該聽從他的命令,放過小牧童。

劉太太是一名妄想者,她經常因為一點小事和丈夫發生爭吵。一天晚上,老劉加班回家,剛坐到沙發上沒多久,劉太太就讓他去幫自己泡杯茶,當時她正在摺衣服,想喝口茶。老劉覺得很累,就請她自己去泡,劉太太的情緒立刻不對勁了,她覺得老劉連這點小事都不肯為自己做,一定是對她沒有感情了。她很快想到自己為這個家付出了那麼多,每天辛苦工作,還包攬家事,到頭來卻沒有得到一點好處。劉太太越想越覺得委屈,於是開始一邊哭一邊數落老劉。

幻想型人格者也敏感,但遠不如妄想者敏感。極度的敏感使得妄想者變得固執死板、敏感多疑、心胸狹窄、愛嫉妒,當看到別人獲得成功時,他們會表現得緊張不安、妒火中燒,甚至指責對方、挑釁爭吵。

在人際交往上,妄想者難以與他人建立親密的關係,因為他們不想被他人了解,對他人沒有信任感,總覺得他人對自己圖謀不軌,於是長期處於防備狀態,密切關注著身邊發生的一切,對所發生的事情極度敏感,會質疑他人甚至是自己的親近之人侵犯自己的利益,感覺自己被冒犯了。

妄想者會分不清現實和妄想,是因為自知力的缺失。自知力是一個人在社會化過程中漸漸掌握的一項技能。每個人曾經都以為自己是世界的中心、無所不能,甚至覺得自己能拯救、改變世界。這源於我們意識到了自己的弱小,越是覺得自己弱小的人,就越喜歡幻想自己擁有強大的力量,例如

第六章 你可能也有的小「怪癖」──不同性格類型

成為逞奸除惡的大英雄。但在長大的過程中，我們會形成自知力，對自己產生一個清晰的認識，分清楚現實和妄想。但妄想者沒有這種自知力，他將自己融入妄想之中，覺得自己就是想像中的角色，例如唐吉訶德堅信自己就是一個騎士。

有些極度敏感的妄想者長期處於自我妄想之中，會妄想他人對自己圖謀不軌、傷害自己，他在想像中將加害者的帽子扣到了對方的頭上，他自己則扮演一個受害者。這種想像會因為自我暗示的力量慢慢催眠妄想者，使他越來越肯定自己的妄想，從而陷入無窮無盡的焦慮，甚至恐懼中。

妄想者從來不會意識到自己的妄想是虛無的、不存在的，是自己的認知出現了偏差。之所以會這樣，很可能是妄想者在成長過程中缺乏愛，缺乏關注，這導致他缺乏安全感，總是被孤獨感所籠罩，於是他的大腦思維會開啟補償模式，讓他陷入自己所製造的美麗幻想中，或者是被傷害的驚恐幻境中，漸漸地，這種幻想就會成為他的思維模式，影響他的行為和人際交往模式。

在極端情況下，妄想者還會出現被害妄想症，認定自己遭受了其他人的迫害、欺騙、跟蹤，甚至覺得有人要謀殺自己。被害妄想症患者通常會表現得極度謹慎、處處防備，哪怕是一件很小的事情，他都會無限放大，感到極度不安。但這一切都是他自己的妄想而已，他已經完全融入了自己妄想的世界中。

一個人的自卑感越強烈,他就越容易變成一個妄想者,因為自卑感會促使一個人的大腦開啟補償模式,越是自卑,所需的補償就越多,他就越愛想像,越來越願意沉浸在想像之中。這會導致他出現社交障礙,他會用拒人千里之外的方式來處理人際關係,常常沉浸在虛幻的感情中,例如對愛情的想像。

小雨是一個到了適婚年齡仍然單身的女子,她的條件很普通,沒有談過正式的戀愛,身邊的親朋好友都十分擔心她的婚事。但小雨從來不擔心,她覺得自己有許多追求者,是一個被眾星拱月的主角,但這都是小雨的想像而已。一個男人無意識的舉止,她都會在大腦中將其自動加工成對方在對自己眉來眼去,例如幫她影印過幾份檔案、買過兩次午餐的同事,甚至連順路送她回家的同事,她都覺得對方在追求自己。小雨是一個很容易在腦中展開愛情幻想的女孩,她沉浸在這些虛幻的感情裡樂此不疲,甚至會幻想著與這些對象的未來生活。

妄想者想要擺脫妄想對自己生活的影響,就必須從認知上改變自己的想法,意識到自己只是在妄想,這是自己的大腦製造出來的假象,它已經背離了客觀事實,已經令自己模糊了現實與想像的區別。只要妄想者改變了自己妄想的思維模式,意識到自己不應該過度沉迷於幻想,就能擺脫妄想對自我產生的暗示。不過妄想者的性格通常比較頑固,他堅信

自己的妄想就是事實，堅決抵制他人的勸解，甚至將自己的妄想邏輯化。因此妄想者如果無法意識到存在自己認知中的偏差，就只能藉助外界力量做出改變。

適度的自戀有利於心理健康

喬峰是金庸武俠小說《天龍八部》中的男主角，提起他，我們通常會想起「英雄」這個詞。作為虛竹和段譽的大哥，喬峰有情有義；作為阿朱的伴侶，喬峰用情堅貞；在擔任丐幫幫主的八年內，喬峰忠誠為國，率領部眾協助北宋抗擊外敵，在身世祕密暴露後，主動卸任。最後，喬峰為了拯救世人，阻止並脅迫遼國皇帝下令「終生不許遼軍一兵一卒越過宋遼疆界」，之後喬峰用斷箭自盡於雁門關外。這樣一個悲天憫人的大俠，自然會在人們心目中留下「天下第一英雄」的形象。

韋小寶是金庸武俠小說《鹿鼎記》中的男主角，如果說喬峰是「天下第一英雄」，那韋小寶就是「天下第一小滑頭」。韋小寶出生在揚州的一家妓院內，他的母親韋春花是一個妓女，他從小就十分喜愛聽書聽戲，尤其喜歡英雄好漢的戲碼。

一次偶然事件中，韋小寶搭救了江洋大盜茅十八。茅十八十分感謝韋小寶的解救之恩，在韋小寶的糾纏之下，他將韋小寶帶到了京城。來到京城後，韋小寶開始了自己的「外掛之旅」，他意外成了一個假太監，還結識了康熙皇帝，

第六章 你可能也有的小「怪癖」—不同性格類型

並與康熙皇帝成了好兄弟。之後，韋小寶在擒拿鰲拜的過程中立了大功，然後意外加入了天地會，成為天地會總舵主陳近南的徒弟和地位甚高的天地會青木堂香主。

一次，韋小寶意外得知邪惡幫會神龍教勾結皇太后的祕密，並得知順治帝在五臺山出家的祕密。回到京城後，韋小寶將順治帝在五臺山的消息告訴了康熙皇帝，並順便提及自己是一個假太監。康熙帝得知父親還活著，又驚又喜，就派韋小寶假裝出家，去五臺山探望順治帝。

完成解救順治帝的任務後，韋小寶被康熙皇帝封為「賜婚史」，率人護送建寧公主出使雲南。在昆明，建寧公主與韋小寶私通，不肯與吳應熊成婚，最後韋小寶只能使計將吳應熊挾持，這才和建寧公主平安返回京城。

不久之後，康熙皇帝又派韋小寶去攻打與吳三桂和羅剎國有勾結的神龍教。在神龍島上，遇到生命危險的韋小寶一路往北逃到了鹿鼎山，誤入了羅剎國軍營。韋小寶哄騙羅剎國公主蘇菲亞不要聲張，之後隨同蘇菲亞回到莫斯科，當時羅剎國沙皇剛病死，蘇菲亞在韋小寶的幫助下成功當上了女王。韋小寶沒有在莫斯科停留多長時間，就回到了北京。

後來，康熙皇帝發現了韋小寶天地會香主的身分，韋小寶只能帶著自己的幾個老婆到通吃島避難。說是避難，他的日子其實過得很快活。在雅克薩戰役開始後，康熙皇帝考慮

到韋小寶曾去過莫斯科,而且與蘇菲亞女王相熟,於是就派他與羅剎軍作戰,在取得了勝利後,韋小寶和老婆們回到揚州,過起了隱姓埋名的隱居生活。

單從喬峰和韋小寶兩人的生平事蹟來看,韋小寶的英雄事蹟要多於喬峰,但在讀者心中,喬峰比韋小寶更當得起英雄之名。讀者為什麼會有這樣的感受呢?這與喬峰自我陶醉型的性格有關。

喬峰一直以來都認為自己是一個英雄,他的言行舉止會不自覺地展示自己的英雄氣概。例如他為了救幾個長老的性命,拿起匕首眼睛眨都不眨地直接往自己身上插,而且一插就是好幾把。他認為自己應該這樣做,這符合一個英雄的形象,對於喬峰來說,英雄就是他對自己的期許和肯定。

但韋小寶從不認為自己是一個英雄,他自稱是小滑頭,因為自己從小長於妓院,他覺得自己就是一個憑藉小伎倆在社會上混口飯吃的小人物。他被自己的這種想法束縛著,儘管他做了幾件不得了的大事,甚至不顧性命去救人,但他從不認為自己是一個英雄。

自戀的話題來源於古希臘神話中一個悽美的故事。納西瑟斯(Narcissus)是一個俊美無比的少年,無數少女向他求愛他都無動於衷。有一天當他無意中在水中看到了自己的倒影時,他一發不可收拾地愛上了水中自己的倒影,每天茶不思

第六章　你可能也有的小「怪癖」—不同性格類型

飯不想地守在湖邊，痴痴地看著自己的倒影。最終納西瑟斯溺水而死，變成了一朵水仙花。

所謂自戀，就是自己喜歡自己，自我感覺良好，對自己非常滿意。在現實生活中，自戀的現象十分常見，事實上，每個人都有一定程度的自戀，只是表現方式不同罷了。適度的自戀是心理健康的表現，意味著他對自我的愉悅接納，是自信心的流露，如果一個人沒有自戀心理，說明他是自我嫌惡的，不僅會感到自卑，甚至會出現憂鬱症狀。但自戀如果過於嚴重，就會發展成自戀型人格障礙，這樣的人會整天活在理想自我的幻影中，忽視周圍人的感受，只在意自己的感受，最後發展成一種病態的自我依賴。

人類是一群具有智慧的社會動物，人類的群居性特點意味著我們需要從外界得到關注。我們得到外界關注的前提就是先關注自己，建立自信心。這需要我們有適當的自戀心理，只有喜歡自己，自我感覺良好，我們才有勇氣去接觸外界。例如一個兒童開始注重自己的外在形象，每次出門前都會將自己打扮一番，直到對鏡中自己的形象感到滿意時，他才會主動進入社會群體中，這個時候他就已經出現了自戀心理，漸漸對自我表現出認可。

對自己感到驕傲是一種十分重要的自戀心理，如果一個人沒有自我驕傲或者不能感受到驕傲所帶來的愉悅和自信，那麼他一定容易受到一些負面情緒的困擾，他的心理健康程

度遠不如有適當自戀心理的人，因為這是一種自我認可的表現。我們每個人都需要一定自戀的表達，父母在養育孩子的過程中，應該允許或鼓勵孩子的自戀表達，這樣孩子的自尊心才能得到維護。

當兒童產生了適度的自戀心理後，他就會產生相應的自信心，這樣他才能順利地走出小家庭，進入社會群體中。由自戀而產生的自信心，可以幫助他在群體裡獲得尊重和重視，從而促進他與其他人建立良好的人際關係。一種良好的人際關係會促進一個人不斷地表現自己，從而獲得自我肯定，這樣一來良性循環就產生了。

對於父母來說，擔心孩子的課業、孩子的性格、孩子的行為是再正常不過的事情，因為這些都在一定程度上決定著孩子將來進入社會以後是否能生活得愉快。但真正決定一個人未來生活狀態的是他的自我價值感。自我價值感的培養與適當的自戀心理相關，一個有自我價值感的人，才更能適應社會以及處理好人與人之間的關係。

適當的自戀心理除了能維持我們的心理健康外，還有以下幾種益處：

1. 有利於成長

每對父母可能都會有這樣的感覺，他們的孩子在成長的某一階段內會非常自戀、輕狂，好像全世界就屬他最好。實

際上，每個人在青春期時多少都會顯得有些輕狂，畢竟老話說「人不輕狂枉少年」，之後隨著年齡的增長，我們身上的輕狂會漸漸褪去，變得更加成熟、內斂。在青春期這段人生的特殊時期中，適當的自戀可以幫助一個人成長得更好，增強一個人處理危機的自信，從而脫離對父母的依賴，開始自立。

2. 減少焦慮和憂鬱

適當的自戀可以使一個人做到肯定自我、自尊自重，這樣一來他就會有更高的自尊觀念，他不會因外界的貶低而進行自我否定，更不會將評判自我價值的權力交到別人手上，這樣他就無須透過獲得他人的認可來建立自我價值感。一個有著穩定自我價值感的人，通常不會輕易感到焦慮和憂鬱，這無疑會為自己減少許多壓力。總之，適當的自戀是健康的，可以幫助我們減壓，獲得幸福感。

3. 適當的自戀心理可以使我們更好地愛自己、照顧自己

有研究發現，健康的自戀者更熱衷於健身，不會出現缺乏運動的現象。這個研究結果很好理解，一個人如果在意公眾對自己的看法，同時他又有更好的自我價值感，那麼他勢必會在兼顧公眾意見的同時，好好照顧自己的身體，去運動，去過健康的生活，這恰恰就是愛自己的表現。相反，如果一個人太過自戀，那麼他就會做出忽視公眾意見或過度強

迫自己符合公眾期待的行為，他很可能會為此損害自己的身體，例如過度訓練、節食。

4. 有利於求職和工作

有研究顯示，相同條件的人去面試，自戀者比謙遜者更容易被錄取。在面試這種場合中，進行自我肯定，表明自己的優點，十分有利於在競爭激烈的求職過程中脫穎而出，畢竟面試官只想了解你的長處到底是否適合公司所提供的職位。如果你一味地謙虛，不表明自己的優勢，那麼面試官就無法了解你是否適合該職位。這點關羽就做得十分成功。

和喬峰一樣，關羽也屬於自我陶醉型性格，這種性格使得關羽喜歡表現出自己英勇的一面。在《三國演義》中，每逢出現關羽上陣殺敵的場景時，他都會表現得極其自信，他的這種自信具有很強的感染力。例如溫酒斬華雄一幕。東漢末年，權臣董卓隨意廢帝立帝、殘暴不仁，袁紹、曹操等人組建軍隊共同討伐董卓。前鋒孫堅在進軍汜水關時遇到了阻礙，守關大將華雄是一個武藝高強的將才，擊退了孫堅的進攻。孫堅敗退後，袁術、曹操相繼派出潘鳳等大將挑戰華雄，卻一一被華雄斬殺。

當時，關羽還並不出名，但他主動站了出來，請纓前去與華雄一戰。曹操立刻命人溫酒給關羽，這大約是將士出征前的慣例，但關羽沒有按照慣例行事，他沒有接過曹操手中

的酒,而是說:「酒且留下,我去去就來。」這一句話充分展現了關羽的自信,這份自我肯定令在場的所有人感到震驚,畢竟在華雄接連斬殺幾員大將的情形下,人們都已被華雄摧毀了自信心。

沒多久,關羽回來了,他手提華雄的頭顱,並直接將頭顱扔到了地上,此時那杯酒尚有餘溫。在溫酒未冷卻的極短時間內,關羽就斬殺了讓袁術、曹操等人頭痛的華雄。從那以後,溫酒斬華雄的事蹟讓關羽名震諸侯。關羽的這份胸有成竹的自信心,就來源於他的自我陶醉型人格,也就是適當的自戀心理。

適當的自戀除了能使我們在求職中展現自己的自信、優勢外,還會促使我們花時間整理自己的儀容。自戀者通常都很關注自己的外表,並且會花時間修飾自己。調查顯示,那些重視自己外表的人更容易獲得面試官的青睞。

5. 適當的自戀有助於我們建立穩定的人際關係。

一個自戀者,通常講究自尊自愛,這意味著他不會向他人過度索求以滿足自己的需要,事實上他會努力去滿足自己的需求,不會過度依賴他人,也不會將自身的幸福感全部託付給對方。在一段關係中,他會努力經營雙方的幸福感,這自然能幫助他建立更穩定的人際關係。

心理學家認為,健康的自戀者能進行自我肯定,不必靠

別人的認可過活,能夠進行自我欣賞,不會對他人產生過度依賴,這對他們人際關係的建立和維護十分有益。而過度的自戀,例如自戀型人格障礙者,他們總是太過以自我為中心,看不到他人的需求,通常難以維持健康的人際關係。

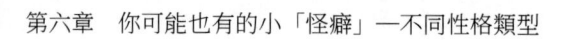

第六章　你可能也有的小「怪癖」─不同性格類型

第七章　擺脫拖後腿的人格特質
——人格重建

第七章　擺脫拖後腿的人格特質—人格重建

性格中的外傾性

　　小曼是一名化妝師,她對繪畫很有興趣。她在參加一次畫展時遇見了畫家阿森,當時小曼正在認真觀看阿森的畫作,之後兩人由相識到相戀。阿森患有先天性的絕症,這注定了這對感情深厚的情侶無法長相廝守。阿森知道自己很快就要死去,無法繼續陪伴自己深愛著的女友,但他也無法放下這段感情,只能在生命的最後一段時間裡好好陪著小曼。阿森死後,小曼一直無法接受這個事實,她沉浸在無盡的悲傷和思念中,靠阿森留下的日記度日,甚至產生了輕生的念頭。

　　小曼在整理阿森遺物時,發現了一幅尚未完成的風景素描畫,這是阿森臨死前的作品,上面畫著阿森小時候在故鄉生活的記憶畫面。小曼覺得這是阿森生命的最後時光中腦海裡一直浮現的畫面,所以她決定帶著對阿森的思念去他的故鄉尋找阿森心中惦記的那片風景。等找到畫中的風景後,小曼決定在那裡結束自己的生命,她相信阿森死後靈魂一定飛到了那裡,她如果能在那裡死去,就能永遠和阿森在一起了。

　　在阿森的故鄉,小曼偶遇了郵差小烈。小烈是一個熱心而開朗的男孩,他喜歡畫漫畫,也很有繪畫天分。在一次瓦斯外洩事故中,小烈救下了差點死去的小曼,從那以後兩人

就成了朋友。當小烈得知小曼是來尋找畫中的風景時，他主動提出幫助小曼一起尋找。

他們兩人一起在大街小巷中穿梭，一起騎著腳踏車在海濱大道上疾馳，阿森兒時生活的痕跡一點一點展現在小曼眼前，這讓小曼覺得阿森與自己的距離越來越近。但小曼沒有發現小烈已經在不知不覺中對她產生了好感。他愛上了小曼，但小曼一直沉浸在男友去世的悲傷中，絲毫沒有察覺到小烈對自己的愛意。

小烈會主動送小曼回家，送手套替小曼保暖，會學鳥叫逗小曼笑，在小烈開朗性格的影響下，小曼的心情不再像以前那樣低落，她開始變得越來越快樂，享受著小烈對自己的關心。慢慢地，小曼也愛上了小烈。當小曼意識到自己對小烈產生了異樣的情愫後，她開始逃避去尋找畫中的風景，甚至不想找到畫中的風景。當小烈告訴她，他知道畫中的風景在哪裡時，小曼退卻了，她覺得如果找到了那片風景，自己就沒有理由再和小烈在一起了。

一天，小曼看到隔壁的婆婆正在抄寫《心經》，婆婆告訴小曼，她的丈夫已經去世多年了，自從他死後，她每天都會為亡夫抄寫一份《心經》以作紀念。小曼被婆婆對待亡夫持之以恆的愛情感動了，她邊哭邊想，覺得自己實在是一個薄情的人，她對阿森的情義竟然這麼快就消失了，她甚至覺得阿森就像她小時候的玩具熊一樣，最初被異常珍視，等自己熱

第七章　擺脫拖後腿的人格特質—人格重建

情消退了，它就會被遺忘在角落裡。想著想著，小曼陷入了深深的自責中，她開始逃避小烈的愛意，好讓自己從自責中解脫出來。

在小烈的帶領下，小曼來到了畫中的風景處，但小曼否認這是素描畫中的地方，她說感覺不對。後來小烈向小曼傾訴了自己對她的愛意，他承認自己嫉妒小曼對阿森的感情，他希望小曼能放下過去的這段感情，與他在一起。面對小烈如此直接的告白，小曼還是拒絕了，她不想這麼快就將阿森從自己的人生中抹去。小烈只能傷心地離開這座城市。

就在兩人選擇逃避，決定各自離開時，小曼隔壁的婆婆認出了畫中的風景。原來，小曼和小烈一直在尋找著的畫中風景裡的雪並非真正的雪，而是當地知名的白花盛開場景。這時，小曼才突然醒悟，原來她一直尋找的風景並不是阿森臨終遺作中的景色，而是她自己心中愛情的歸屬地。在阿森去世的時候，小曼本以為自己此生都不會再有愛情，她的愛情歸屬已經隨著阿森的去世而消失，她決定來到畫中風景的所在地，追隨愛人而去。最後，小曼再次來到了風景地，與小烈不期而遇。

阿森的死對小曼造成了很大的打擊，她每日沉浸在悲痛之中，將自己封閉起來，變成了一個孤獨的人。一個人如果封閉自我，不與外界交流，他性格中的外傾性就會消失或降低，那就意味著他無法獲得實際的、精神上的支持。小曼在

阿森死後,幾乎不參與任何社交活動,她性格中的外傾性已經消失,這使她陷入憂鬱中。她因為阿森的死而悲傷、難過,又想重溫與阿森在一起的美好時光,所以她整天看阿森的日記,看阿森記錄下的他們之間曾經發生過的點點滴滴,就好像她還和阿森在一起,還能感受到昔日的溫情。但這樣的做法只會讓她的自我更加封閉,讓她性格中的外傾性一直沉睡,她只會越來越憂鬱。

對社會性動物而言,不論是性格內向的人還是性格外向的人,都需要他人給予自己心理上的支持,尤其是當一個人面對困難、創傷性事件時。小曼在去阿森故鄉尋找畫中風景時遇到了小烈,小烈是一個開朗的人,他的出現使得小曼開始和外界產生交流。對於小曼來說,小烈就是那個為她提供心理支持的人,這種支持讓小曼獲得了走出陰影的勇氣。而且和小烈這樣一個開朗的人在一起,小曼性格中的外傾性也會逐漸顯著,她不再將自己封閉起來,她的憂鬱症狀也在漸漸消失。

外傾性是評估一個人性格特徵的一個重要方面,如果一個人表現出了外傾性的正相關特徵,例如喜好社交、活躍、健談、開朗等,那麼我們通常認為這個人是一個性格外向的人;如果一個人表現出了外傾性的反相關特徵,例如謹慎、冷靜、寡言、不喜社交等,那麼我們通常認為這個人是一個性格內向的人。

第七章　擺脫拖後腿的人格特質─人格重建

俗話說「三歲看大，七歲看老」，一個人的性格從他還是個孩子的時候就已經展現出來了。一個性格外向的兒童會渴望融入人群中，他會積極參加社交活動，並以此為樂，能夠與外界保持互動關係，並享受在這種互動過程中感受到的快樂，當他來到一個相對陌生的環境中時，他會表現得健談、友好、開朗，從而很快融入新環境中。

性格外向的人十分擅長社交，他們能從他人那裡獲得豐富的精神能量，例如社會支持。當一個性格外向的人產生消極情緒時，他可以向朋友們傾訴，讓朋友們安撫自己的情緒，這種心理上的支持有助於性格外向的人獲得健康的身心、減輕壓力。調查顯示，一個人如果是孤獨的，沒有社會支持，那麼他更容易患上憂鬱症。

與性格外向的人不同，性格內向的人往往也會從小就表現出內向的性格特徵，例如不會積極地探索外界，往往與外界保持一定的距離，只有在足夠了解、熟悉外界的環境時才會小心翼翼地做出試探性的行動，並且隨時準備著縮回自己熟悉的內心世界中。

如果說性格外向的人透過與外界打交道、參加社交活動來享受快樂、釋放壓力和負面情緒，那麼性格內向的人則是透過探索內心世界而獲得自我滿足，對於他們來說，與外界打交道、參加社交活動，只會導致他們精神緊張。

而無論內向的性格還是外向的性格，如果走向極端，都會對自己的人生帶來負面影響。

如果一個人太過外向，根本不在乎自己的內心世界，也不進行自我探索，那麼他就會給人一種很吵鬧、很浮誇的感覺，他會因刻意吸引他人的注意而喪失自我，乃至於完全無法接受獨處，一旦獨處就會覺得難受、無聊透頂。在獲得社會支持上，性格外向的人的確會有很多朋友，但很多都是泛泛之交，根本無法為他提供心理上的支持。

在極端情況下，性格外向的人還會出現許多心理問題，例如發展成自戀型人格障礙或躁鬱症。自戀型人格障礙者總是盲目地參加社交活動，渴望吸引所有人的注意。躁鬱症患者在症狀輕微時通常是社交達人，他們情緒高漲，顯得十分熱情且有趣，能輕易得到他人的關注和喜愛。但一旦這種高度興奮的狀態消失，躁鬱症患者就會陷入低沉的憂鬱之中，例如有的人明明在人群中那麼亮眼、快樂，但在聚會結束，需要獨自一人的時候，他就會陷入憂鬱之中。

性格內向的人雖不如性格外向的人那樣受人歡迎，但他們也有屬於自己的性格優勢，例如有幾個可靠、親密的朋友；深思熟慮，更利於做出正確的決定；不善言談的他或許是一個很好的傾聽者等等。

但如果一個人太過內向，他就需要提升自己性格中的外

第七章　擺脫拖後腿的人格特質—人格重建

傾性，否則容易將自己包裹得過於嚴密，以至於將自己完全封閉起來，更容易陷入憂鬱情緒中。例如前段故事中的小曼在將自己完全封閉起來的同時，也就相當於切斷了自己療傷的途徑，這樣她只會沉浸在極度的憂傷之中，只能到去世戀人的日記中獲得少許的安慰，最終陷入憂鬱，乃至產生了輕生的念頭。

在極端情況下，性格內向的人也會像性格外向的人一樣出現許多心理問題，常見的有社交焦慮障礙，他們會害怕人群，更別提在人群面前說話，只要和陌生人或不熟悉的人面對面交流，他們就會十分焦慮。他們會擔心對方發現自己的緊張、焦慮，害怕別人對自己的性格指指點點，但越是這樣他們就越是害怕社交。有的性格內向的人還會發展成極端的迴避型人格障礙，出現自尊低下、無法忍受他人拒絕、社交技能低下的症狀。因此內向性格的人如果發現自己太過封閉，那麼就要適當地提升自己性格中的外傾性，避免出現上述心理問題，影響自己的生活品質。

親和性與社會親和力

　　小文是一個家庭主婦，她在照顧家庭上可謂盡心盡力——平時帶孩子十分用心，對婆婆、丈夫非常溫柔，做家事很勤快，將家裡打理得井然有序。但小文的丈夫卻是一個不合格的丈夫，他有酗酒的問題，每隔幾天就要和一群狐群狗黨出去喝酒。每次喝完酒回到家後，他就開始找小文的麻煩，輕則將小文臭罵一頓，重則將小文大打一頓，小文身上經常被丈夫打得青一塊紫一塊。有一次，小文的丈夫打她打得特別兇，她受了很嚴重的傷，流了許多血，還破了相。

　　小文從未將丈夫酗酒家暴的事情告訴娘家人，她每次都是默默忍受，實在忍不了了，就和丈夫吵幾句，但丈夫就是改不了酗酒後打人的毛病。小文之所以沒有跑到娘家訴苦，就是因為她是家中最大的女兒，從小十分懂事、老實，最讓父母安心，她不想讓父母擔心自己的婚姻生活。有時候，小文也想離婚，但每當這時她就會想起自己 7 歲的兒子，覺得孩子不能沒有一個完整的家，想到這裡，小文就會打消離婚的念頭，選擇勉勉強強維持著目前這種生活。

　　有一天，丈夫像往常一樣和朋友外出喝酒，直到深夜時分，丈夫才喝得醉醺醺地回家。他走到臥室後，直接將熟睡

第七章 擺脫拖後腿的人格特質—人格重建

中的小文一把拉起,然後像往常一樣對小文大打出手,小文只能倒在地上忍受。

小文在默默忍受中看到了地上的鈍器,不知怎麼的,她突然順手抓起鈍器,狠狠地朝著丈夫的頭部砸去。丈夫的頭部被砸出了一個大傷口,鮮血從中奔湧而出,不久之後,小文的丈夫因失血過多當場死亡。這個案子引起了很大的爭議,許多人都覺得小文不算故意殺人,畢竟她忍受了丈夫那麼多年。最後法官認為小文的行為屬於正當防衛。

街訪鄰居都認為小文是個老實人,做人守本分,對誰都很和善。在面對丈夫家暴的問題上,小文也是極力忍讓,沉默應對丈夫的暴行,希望能給孩子一個完整的家。但她的退讓換來的是更嚴重的暴行,於是她爆發了。

在許多人的眼中,老實人通常有很高的容忍度,不會輕易發脾氣,但我們也知道不要去招惹老實人,老實人雖然可以一退再退,但當他的忍耐累積到某個臨界點後很可能會爆發,爆發的後果往往很嚴重。

老實人的性格中有一個十分明顯的特點,即帶有很高的親和性。親和性是一個人性格中的一個面向,親和性代表了一個人的社會親和力。一個親和性高的人通常會表現出樂於助人、合作、友善等特點,這讓他能和睦地與他人相處。

在人際往來中,親和性高的人通常很受人們歡迎,在別

人眼裡，他就是一個充滿同情心、樂於與人合作、慷慨大度的人。這樣一個善良且值得信賴的人，幾乎不會與人相處不好，且不容易被他人拒絕。

一個親和性高的人，通常具有團隊精神，可以幫助團隊獲得成功，因而這種性格特色可以為他的個人工作提供助力。而且親和性高的人適應環境的能力也很強。

一個親和性高的人通常擁有良好的人際關係，這有助於他獲得他人情感的支持，減少焦慮情緒，促進身心健康。

在獲得個人幸福感上，親和性高的人也具有一定的優勢，他們通常能順利地體會到幸福感，因為他們通常能很好地控制自己的情緒，選擇讓負面情緒盡快離開自己，避免被負面情緒長期影響自己的生活。這樣一來，他們就能多一些快樂。

但親和性高的人也有不好的一面，這表現在他們往往不懂得如何拒絕別人，會透過逃避的方式避免種種衝突、矛盾。在面對衝突和矛盾時，親和性高的人第一反應通常是逃避，哪怕是讓自己受委屈也要避免矛盾的出現。例如一個親和性高的人明明不想出去喝酒，但抵擋不了朋友的一再邀請，因為他不懂得如何拒絕，他甚至會將拒絕視為是在製造衝突。

在面對別人所犯的錯誤，尤其是這個錯誤傷害了自己時，親和性高的人通常不會動怒，他會優先考慮對方，或在意他人的感受，從而忽視對方的錯誤。例如丈夫的家暴令小

第七章　擺脫拖後腿的人格特質─人格重建

文身心深受傷害,但她會因為考慮到兒子而忍耐,選擇原諒丈夫。

像小文這樣的老實人,她對誰都很和善,讓別人覺得很舒服,因為她性格中的高親和性決定了她不會隨意發表可能會傷害別人的看法,更不會主動做出傷害他人的行為。她甚至不會找娘家人抱怨、訴苦,她覺得只要忍一忍就好了。

這種不擅長向別人表達自己的感受、不滿的人格特質其實十分危險,不僅會傷害自己,也容易讓事情失控。小文所遭受的家暴已經讓她難以忍受,但她因為孩子而選擇繼續忍耐,不向任何人表達自己的感受,這樣一來她就喪失了許多拯救自己的機會,而使自己在痛苦中累積怒火。終於,小文忍耐力的臨界點在某一天悄然而至,她的怒火像一座沉睡多年的火山一樣,一經喚醒便釋放出了強大的破壞力,從而造成了毀滅性的後果。

如果你發現自己性格中的親和性已經使得自己不懂得拒絕他人時,你就要適時地做出改變了,警惕自己為什麼不懂得拒絕。通常有以下幾個原因:

1. 愛面子

不懂得拒絕的人通常過度在意別人對自己的看法,也就是維護自己所謂的體面,生怕自己的拒絕會有損於自己的面子。這樣一來,他就會為了維護自己的面子而答應對方的很

多無禮要求，即便這個要求很為難自己。事實上，在為人處世中太過強調面子，只會自討苦吃。

2. 太過在意別人的感受

在人際關係中，在意別人的感受有助於雙方感情的進展，沒有人願意和一個絲毫不在意自己感受的人在一起。但如果太過在意別人的感受，每當別人向自己求助時，不是首先想想自己的感受，而是去想對方被自己拒絕後的痛苦感受，那麼你就不容易拒絕對方了，而是已經將對方的感受凌駕於自己的感受之上。

3. 自卑感

一個自卑的人往往會被自卑感束縛住，十分在意別人的看法。他的自我肯定完全取決於別人的評價，需要別人的認同來展現自我價值。這種自卑感只會使他竭盡全力滿足對方的需求，從而獲得對方的好感與重視。但一個不懂得拒絕的人通常不會被人珍惜，也不會獲得對方的尊重，例如上述案例中的小文，她是大家眼中的好女人，但她的丈夫卻總是對她施以暴力，這也是因為小文不懂得維護自己的權利。

第七章 擺脫拖後腿的人格特質—人格重建

掌握好盡責性的分寸

有一部劇集講的是一個家族的故事。媽媽是一個明顯偏心的母親，在她死後，原本平靜的家族中沉積的矛盾一觸即發。在媽媽的葬禮上，從小就不和的手足大打出手，最後不歡而散，但這只是矛盾的開始。

他們的父親是個自私懦弱的人，他從未插手過孩子的教育，明知小兒子在家中受到了委屈，卻也不曾站出來為他發聲。其實這個孩子成績很好，有考取頂尖大學的能力，但卻因為媽媽的不公平對待，擅自決定讓他去上學費較為便宜的學校。即便看到孩子因此而痛苦，爸爸也沒有說過一句話，而是默許妻子的行為。但在妻子去世後，他卻選擇將多年來受到的壓抑與不甘，全部發洩在小兒子身上。

媽媽過世後，家裡兄弟姐妹開始商討要由誰來照顧年邁的父親，在正常家庭中，子女都會負責父母的養老問題，但在這個充滿矛盾的家庭內，養老問題卻使得衝突更加嚴重。

事業最成功的小兒子提出會雇用幫傭來照顧父親，但父親不願意，因為他以前曾與妻子發過誓，用不著讓他幫忙養老，而且這孩子性格強勢，肯定不會容忍他無理取鬧，自然不願意跟他一起生活。他最想要的是跟次子生活在一起，因

為次子會盡可能滿足他的各種需求。

次子是個「媽寶男」，他和父親一樣是一個性格懦弱且沒有責任心的人。他從小仗著母親的寵愛，好吃懶做，欺負手足。長大進入職場後，也一直向家裡借錢，卻從來沒有還過，當然寵愛他的母親也不會向他討要。不過他的父親有一個愛記帳的習慣，家裡的每一筆開銷他都清清楚楚地被記錄下來，次子想賴都賴不掉。根據記錄，他前前後後跟家裡借了將近百萬，而且在母親的後事中沒有出過半毛錢。從小受到差別待遇的孩子反倒是買單了全部費用，為此次子只覺得他賺得多，出點錢是理所當然。

在次子的成長過程中，他知道自己的課業不如兄弟姐妹們，只能透過討好母親來獲得存在感，而母親恰巧很吃這一套。對於她來說，長子成績優秀，次子又會討好自己，所以就特別溺愛，讓他變得啃老又懦弱。而次子在面臨指責時，也將自己性格的缺點推卸給母親的溺愛，不承擔絲毫責任，甚至說自己啃老是為了陪伴在母親身邊。

後來，次子與小兒子間發生了肢體衝突，甚至鬧上了法院，驚動了父親要出面處理。父親不情願地到醫院探望受傷的小兒子，原本小兒子還期望能得到父親的安慰，沒想到在幾句安慰後父親便開始為次子求情。小兒子的火一下子就竄上來了，他將父親趕出病房，並且丟了父親帶來的花束。父親離開前還不忘數落了小兒子的性格。

第七章　擺脫拖後腿的人格特質——人格重建

盡責性是評估一個人性格的一個十分重要的方面，與目標取向行為上的組織性、永續性和動力性的程度有關。盡責性正相關的性格特徵有：有條理、可靠、勤奮、自律、有毅力等。反相關的性格特徵有：無目標、懦弱、不可靠等。盡責性常與一個人的責任心有關，一個有責任心的人在日常生活與工作中通常有很多優勢。

一個有責任心的人，是一個值得信賴的人，他做事有條理、考慮周到，因此他獲得成功的可能性更大。在工作上，負責任的人更容易找到工作，也不會輕易失去工作。在人際關係上，責任心可以幫助我們維持良好的人際關係，尤其有利於親密關係的維持。研究顯示，責任心越強的人，離婚的機率就越低。故事中的父親及次子顯然是沒有責任心的人，所以他們在工作上得過且過，尤其是次子，他將自己一事無成的原因全部推卸給母親，覺得自己就是為了陪伴母親，才沒有時間去工作。他們本可以是一個幸福美滿的家庭，之所以變得這樣矛盾充滿矛盾，很大一部分原因是父親一直在逃避自己身為人父的責任，將所有責任都推卸給妻子。

責任心可以幫助我們過上更好的生活，那麼過度的責任心是否也是好事呢？長子的例子告訴我們，責任心過度並不是一件好事。

長子是家中另一個重要人物，他長年在外地生活，基本上不管家族中的事。母親去世後，長子覺得他有責任照顧父

親，於是找來了兄弟姐妹，開始插手家中事務。但事與願違，他根本沒有這樣的能力。每當家裡出現衝突時，他就會站出來調解，希望一家人能放下恩怨，但其他人根本不會聽他的，只有迎來一再的失望。

母親去世之後，長子回家參加母親的葬禮，他離開前答應父親會將父親接到外地生活，但他根本沒有考慮自己的妻子是否同意。回到自己居住的城市後，長子才知道公司解散了，他突然之間變成了無業遊民，一家三口只能靠著妻子的收入生活。此時的長子已經沒有能力實現照顧父親的責任，但他根本不考慮家裡的生活條件，堅持要把父親接來，為此時常與妻子發生爭執。

在妻子的勸說下，他終於認清現實，現在的他根本沒有能力照顧父親，於是他暫時放下了自己過度的責任心。他打電話給次子，說自己暫時無法照顧父親，之後就將手機關機。妻子認為他應該要將理由解釋清楚取得諒解，但愛面子的長子就是不提。

此時小兒子到哥哥所在的城市出差，就順路前往拜訪哥哥一家。這時長子仍在隱瞞自己失業的事情，卻因為偶遇從前同事被意外揭穿，小兒子才知道原來大哥已經失業。而自尊心作祟的長子，竟覺得事業成功的小兒子是故意來看自己笑話。

最後，小兒子暗中替哥哥安排了一份不錯的工作，只是需要長期出差。長子為了生活，自然接受了這份工作。某次

第七章 擺脫拖後腿的人格特質—人格重建

他以大哥的身分召開家庭會議。飯桌上，長子過度的責任心再次被激發，他承諾要替父親買一間大房子，還誇大了自己的收入。事實上若要為父親買房子，還必須要將老房子賣掉，但他仍然隻字未提。

對於長子來說，他賺錢的能力根本撐不起他的面子和對父親過度的責任心，他總是將所有責任都攬在自己身上，根本不考慮自己的能力是否允許，後來他的妻子不得不向小兒子求助。小兒子將大哥約出來後勸解他，沒必要讓父親與取予求，如果他真的要幫父親買大房子，勢必會委屈到大哥的兒子。他還告訴大哥，父親雖年事已高，但身體仍然很健康，可以自己照顧自己，也能靠退休金生活，更何況父親一直以來都不是一個不會自己打理家裡的人。

長子過多的責任心並未為他的工作和生活帶來幫助，反而平添了許多麻煩。一個有著過度責任心的人，往往死板而固執，在人際關係中經常與人發生衝突，給人一種不隨和又無趣的感覺。他照顧父親的問題上，明明可以和妻子商量，這也是需要夫妻二人一同商量的事情，但卻偏要一人做主，也不聽妻子的意見，根本不考慮妻子提出建議的合理性。此外，責任心過強的人通常有極端的完美主義傾向，而且喜歡控制他人。

長子會有這樣過度的責任心與他的成長歷程密切相關。他從小就是全家人的驕傲，他成績優異，在畢業於首府大學

後，又成功考上海外名校。這使他在家裡的地位很高，母親將他作為天之驕子一樣供著，他自然會覺得自己是最優秀的人。因此在面對失業的問題時，他不認為這是自己的問題，還總覺得自己畢竟是高材生，總會有一個可以讓自己施展抱負的地方。失業後在找工作時就犯了極端完美主義的錯誤，他總想著要找一份讓自己滿意、體面、收入不錯的工作，卻從未考慮過現實。而且他也一直試圖掌控其他手足，希望他們能聽自己的話，一旦他們不聽話，就會覺得失望至極。

有責任心固然是好事，但在生活中我們應該時刻清楚自己的定位，要對自己的能力有自知之明，不要過度承擔，也不要過度地要求他人，否則這種過度的責任心就會為我們帶來很多麻煩，降低我們的生活品質。

第七章 擺脫拖後腿的人格特質—人格重建

情緒越穩定，越能掌控情緒

佳佳在一家媒體廣告公司工作，是一名業務專員，主要的工作是為公司拉廣告、與客戶溝通。佳佳的性格開朗活潑、能言善道，在工作了一段時間後就掌握了許多談判技巧，每次和客戶談判都能以最寬鬆的條件談到最高的報價。她也以出色的工作能力深受老闆的器重。

但佳佳有一個明顯的性格缺陷，即情緒不穩定，尤其是當她面臨巨大的壓力時，她的情緒很容易失控。有時候，佳佳在和客戶談業務的時候就無法控制自己的情緒，一旦談判過程有什麼不順利的地方，或者是遭到了客戶的刁難，佳佳就會忍不住發火，將整個談判局面弄得十分尷尬。

有一次，老闆派給佳佳一個接洽新客戶的任務，這個客戶想要投放一個廣告。客戶在和佳佳談判的時候，表達出了投放廣告的意圖，卻一直遲疑不決，想要多了解一下公司的情況。佳佳看出了客戶的意圖，她對客戶所提出的問題一一耐心解答，還順帶好好誇讚了一下自家公司。客戶對佳佳的介紹很滿意，於是決定在該平臺投放廣告。

就在雙方準備簽合約的時候，客戶接到了一個電話，之後客戶對佳佳說：「不好意思，我們計畫有變，先不在你們家

投放廣告了，希望下次能有機會合作。」佳佳一下火氣就上來了，她在這裡耗費了這麼多時間和精力，耐心為客戶介紹自家公司的方案，客戶明明已經答應簽約了，卻臨時變卦。佳佳覺得自己被戲弄了，她忍不住對客戶說了一句：「就知道你們公司這麼不可靠。」佳佳的這種態度讓新客戶又驚又怒，他發誓不再和這家公司合作。

沒過多久，老闆接到了一個老客戶的來電。老客戶告訴老闆，之前的那個新客戶是他的朋友，是他介紹來的，他一直和這家公司合作，覺得效果不錯，於是就把它推薦給了朋友。那個新客戶的確是帶著誠心來合作的，而且他對該公司也很滿意，之所以沒有簽約，是因為總公司那邊計畫有變，他只能暫時擱置，他心想就算這次雙方沒有成交，下一次他也一定會主動來尋求合作。但沒有想到，接待的專員卻對他發起了脾氣，這讓他十分惱火，於是他找到介紹人，並將此事告訴了他。

最後老闆親自出馬，主動向老客戶道歉，將老客戶的情緒安撫好，然後又打電話給新客戶，向對方道歉，還承諾將來合作時一定會給予對方折扣。新客戶的火氣慢慢消了，並表示下次會選擇合作。

佳佳在得知這一切後才知道自己闖下了大禍，她向老闆表示，都是自己的錯，自己當時沒有控制住情緒，還表示下次一定會注意控制自己的情緒。老闆覺得佳佳是年輕人，火

第七章 擺脫拖後腿的人格特質—人格重建

氣大,而且她工作能力強,只是一時沒有控制住情緒而得罪了客戶,這也能體諒,於是就告訴佳佳下不為例。

這次的失誤讓佳佳十分悔恨,她告訴自己一定不能再出現類似的事件,但她根本無法控制自己的情緒,每次遇到不順心的事情時,她的情緒就會變得特別不穩定,好像隨時都會發火,她還是經常因為無法控制情緒而得罪客戶。最嚴重的一次,佳佳負責帶人外出拍攝廣告。到了拍攝地點時,佳佳發現場地不合標準,她的火一下子就竄了上來,將攝影師痛罵了一頓,還將客戶那邊的負責人也罵了一遍。罵完後佳佳的情緒才穩定下來,她覺得沒辦法繼續拍攝下去了,於是就準備走人,臨走前還說了一句:「還拍什麼拍,不拍了。」

老闆知道這件事後立刻將佳佳叫到了辦公室。佳佳告訴老闆,事後她也很後悔,希望老闆再原諒她一次,她承諾自己以後一定會好好控制自己的脾氣,不會再隨便發火。但老闆根本不相信她了,他覺得佳佳就是這樣一個情緒不穩定的人。老闆告訴佳佳,她的個性根本不適合做這份工作,他需要一個能將脾氣壓下來,可以控制自己情緒的員工。老闆還告訴佳佳,發脾氣是每個人的本能,誰都會,但真正有本事的人會控制自己的脾氣,先解決問題。

情緒的穩定性是我們每個人性格中的重要特質。情緒穩定性差的人,性格暴躁、情緒化、容易生氣,他們在處理事情和與人相處時,很容易發脾氣和鑽牛角尖。在面對困難和挫折

時，情緒穩定性差的人不懂得如何應對挫折，他們只會坐立不安、焦慮不已，然後情緒失控，而沒辦法先解決問題。

情緒穩定性高的人能控制好自己的情緒，有能力讓自己的情緒保持穩定，在面對困難和壓力時，他們不會先發脾氣，不會被負面情緒所淹沒，而是先想著如何解決問題。在工作中，情緒穩定性高的人通常很受歡迎，因為和他們相處會更舒服、自在。一個人如果無法控制自己的情緒，那麼不論他多麼聰明、多麼有能力，也不會令人放心，他不穩定的情緒極有可能將自己所有的工作成果毀於一旦。上述案例中的佳佳就是一個典型的情緒不穩定的人，她的工作能力很強，公司近一半的客戶都是她談下來的，但她闖的禍也不少，因為發脾氣得罪了不少客戶。

一個人的情緒越穩定，他就越能掌控自己的情緒，而掌握情緒的能力常常決定著一個人是否能在工作上取得成就、在與人相處中獲得幸福，還決定著一個人的健康狀況。

情緒穩定的人，通常給人一種成熟、穩重、值得依靠的感覺。他不會莫名其妙地將自己的負面情緒傳染給周圍的人，在面對困難、危急情況時，總是能保持冷靜，找到解決問題的辦法。

在日常情境中，情緒穩定性的作用可能展現不出來。例如佳佳雖然是一個情緒穩定性不佳的人，但她平常的工作業績也不錯，只是她應對突發情況的能力很差。只有能控制自

第七章 擺脫拖後腿的人格特質—人格重建

己情緒的人,在面對危急情況時才能在保證自己情緒穩定的前提下,騰出精力去解決問題。像佳佳,她在面對客戶突然決定不簽約的情況下,她的所有精力都放在了處理不穩定的情緒上,根本無暇解決問題。

美國社會心理學家利昂・費斯汀格(Leon Festinger)曾提出過一個著名的「費斯汀格法則」:生活中的10%是由發生在你身上的事情組成的,另外的90%則由你對所發生的事情做何反應而決定。對待同樣一件事情,不同的人有不同的反應、不同的處理方式。情緒穩定性差的人會因內心受挫而大發脾氣,陷入自我否定或對對方的不滿中,完全喪失控制自己情緒的能力,但這樣只能將壞事變得更壞,根本無法解決問題。而對於情緒穩定性高的人來說,壞事已經出現了,他所能做的只能是讓自己盡量平靜下來,變得和平時一樣,盡量去彌補損失,讓壞事變得不那麼壞。

幾年前的一個上午,航空警察局接到報案,一名女性旅客在機場對工作人員進行肢體攻擊,還在櫃檯大鬧,引起群眾圍觀。這名女士是知名大學的博士生,原本要與家人一同搭機出國,卻因為遲到而無法辦理登機,她卻堅持要上飛機,指責工作人員不肯通融。

在多次溝通無果後,她突然衝進櫃檯,狠狠地打了工作人員一掌,工作人員當時都嚇傻了,搗著被打的部位愣在原地,但這位女性並未停手,而是繼續毆打工作人員。周圍的

其他同事發現狀況後立刻上前阻止，但她仍然繼續辱罵工作人員，最後遭到警方帶走。

這名女子顯然是一個不懂得控制自己情緒的人，她在執意乘坐該班機的時候說自己出國有重要的事情要辦，既然有要事在身，她就應該提前來到機場準備。未能及時趕上，可以說是她自己的失誤。每個乘客錯過了班機都會懊惱、生氣，但有的人能控制住自己的情緒，另想其他解決辦法；她卻情緒失控，將錯過班機的過錯推給了工作人員，將這件事變得更加嚴重，不僅對工作人員帶來了傷害，還讓自己吃上官司。

一個人如果無法控制自己的情緒，遇到一點不順心的事情就情緒崩潰，就只能被情緒牽著鼻子走，最後變成情緒的奴隸，將小小的困難鬧成十分糟糕的局面。例如那位女性旅客本可以改乘其他班機，或者轉機，但她肆意發洩自己的情緒，最後進了警局，她口中的重要事項可能也辦不成了。她讓自己被困在憤怒的情緒漩渦之中。

一個情緒不穩定的人想要控制自己的情緒，就必須學會心理暗示，學著和自己的情緒相處，每當面臨困難、情緒崩潰時，他就要暗示自己，先平靜下來，像一個強者一樣從容不迫。即使自己根本無法改變現狀，也不要對自己進行負面的暗示，要相信自己總會克服這個難關。只有控制住了自己的情緒，才能讓自己的人生更順暢、生活更輕鬆，否則只能被情緒困擾，一輩子沒有機會掌控自己的命運。

國家圖書館出版品預行編目資料

性格的輪廓！33 堂心理課帶你認識真正的自己：
從眾情境、自戀幻覺、抹殺自我、自卑情結、焦
慮性依賴……從父母影響到生理機制，揭開特質
形成的深層真相 / 李娟娟 著 . -- 第一版 . -- 臺北
市：崧燁文化事業有限公司，2024.08
面； 公分
POD 版
ISBN 978-626-394-679-8(平裝)
1.CST: 性格 2.CST: 人格心理學
173.761　　113011725

電子書購買

爽讀 APP

臉書

性格的輪廓！33 堂心理課帶你認識真正的自己：從眾情境、自戀幻覺、抹殺自我、自卑情結、焦慮性依賴……從父母影響到生理機制，揭開特質形成的深層真相

作　　　者：李娟娟
責任編輯：高惠娟
發　行　人：黃振庭
出　版　者：崧燁文化事業有限公司
發　行　者：崧燁文化事業有限公司
E - m a i l：sonbookservice@gmail.com
粉　絲　頁：https://www.facebook.com/sonbookss/
網　　　址：https://sonbook.net/
地　　　址：台北市中正區重慶南路一段 61 號 8 樓
8F., No.61, Sec. 1, Chongqing S. Rd., Zhongzheng Dist., Taipei City 100, Taiwan
電　　　話：(02) 2370-3310　　傳　　　真：(02) 2388-1990
印　　　刷：京峯數位服務有限公司
律師顧問：廣華律師事務所 張珮琦律師

-版權聲明-
本書版權為樂律文化所有授權崧燁文化事業有限公司獨家發行電子書及紙本書。若有其他相關權利及授權需求請與本公司聯繫。
未經書面許可，不得複製、發行。

定　　價：350 元
發行日期：2024 年 08 月第一版
◎本書以 POD 印製
Design Assets from Freepik.com